나·이·스·사·주·명·리

다시 쓰는 명리학

...응용편...

다시 쓰는 명리학 시리즈 2

나·이·스·사·주·명·리

다시 쓰는 명리학

…응용편…

맹기옥 著

祥元文化社

머리말...

◉ 나이스사주명리 다시 쓰는 **명리학** 시리즈

제1권 『다시 쓰는 **명리학**(이론편)』: 명리학 이론을 총정리한 책

제2권 『다시 쓰는 **명리학**(응용편)』: 명리학 이론 숙달을 위한 훈련용

제3권 『다시 쓰는 **명리학**(종합편)』: 각 천간을 월별로 정리한 응용서

제4권 『다시 쓰는 **명리학**(형충파해와 신살편)』: 형충파해와 신살을 총정리한 책

이 책은 《다시 쓰는 명리학 시리즈》 중 제2권 『다시 쓰는 명리학(응용편)』입니다. 보통 공부를 할 때 강의를 듣거나 책을 보는 식으로 수동적인 공부를 합니다. 이런 방식은 야구장에서 야구경기를 보고 축구장에서 축구경기를 보는 관중에 불과합니다. 공부하는 사람은 관중이 아닌 운동선수입니다. 운동선수들은 같은 동작을 끊임없이 반복하는 훈련을 합니다. 이 책은 아는 것처럼 보이지만 실제로는 잘 모르는 내용을 반복, 연습하여 숙달시키는 것을 목표로 하고 있습니다.

이 책을 적어도 5번 이상 보셔서 어떤 사주팔자라도 자신감을 가지고 볼 수 있도록 자기만의 기준을 만들어 보시기 바랍니다.

◈ ◈ ◈

시중에는 10년, 20년을 공부해도 사주풀이에 자신이 없다는 사람들이 많습니다. 명리학 이론을 체계적으로 공부하지 않고 섣부르게 사주풀이를 하려고 했기 때문입니다. 기초가 부실한 탑으로는 아무리 노력해도 결과는 뻔합니다. 방법은 기존의 탑을 부수고 다시 시작해야 하는데 굳어버린 기존의 습관 때문에 계속 장애가 발생합니다. 그래서 첫 단추를 제대로 끼우는 일이 무척 중요합니다.

영어교육을 전공하고 중·고등학교와 입시학원 등에서 아이들을 가르치고 있을 때 개인차가 항상 의문이었습니다. 이런 의문을 가지고 있을 때 명리학을 접했습니다. 명리학에서 개인차에 대한 답을 찾을 수도 있을 것 같아서 관심을 가졌고, 그 후로 명리학에 대해 책을 쓰고 강의와 상담도 하고 있습니다.

2012년 원광디지털대학 동양학과에 편입하여 졸업한 후 2013년부터 서울 성북동 동방문화대학원대학교 평생교육원에서 명리학 최고 지도자과정과 명리학 전문가과정에서 강의를 하고 있습니다. 다음과 네이버의 나이스사주명리 카페와 유튜브 나이스사주명리에도 꾸준히 명리학에 대한 자료들을 올리고 있습니다.

2012년 기존 명리학 이론을 정리한 『나이스사주명리(이론편)』을 출간하였고, 그 후 『나이스사주명리(응용편)』 『나이스사주명리(고전편)』을 상원문화사에서 출간하였습니다. 이 과정에서 떠나지 않는 의문이 있었는데 같은 팔자와 같은 운의 흐름을 보면서도 같은 질문에 서로 다른 답을 하는 것이었습니다. 문제점을 찾고자 명리학 고전인 『자평진전』 『난강망』 『적천수』를 다시 정리하여 『자평진전해설서』 『난강망해설서』 『적천수해설서』를 출간하였습니다. 그러니까 이러한 책들은 기존의 명리학 이론을 정리하거나 해설해 놓은 책들입니다.

이 과정에서 같은 팔자를 보고도 서로 다른 주장을 하는 원인을 찾아냈습니다. 기존의 명리학은 음을 무시하고 양 중심의 오행으로 설명하고 있었습니다. 甲木과 乙木을 구분하지 못하고 木이라 하고, 丙火와 丁火를 구분하지 못하고 火라고 합니다. 戊土와 己土를 구분하지 못하고 土라고 하고, 庚金과 辛金을 구분하지 못하고 金이라 하고, 壬水와 癸水를 구분하지 못하고 水라고 합니다. 음과 양은 정반대로 운동하는데 같다고 해버리니 명리학의 첫 단추인 음양에서부터 문제가 생긴 것입니다. 근본에서 답을 찾으려 하지 않고 드러나는 문제점들만 일일이 대처하며 땜질식으로 온갖 잔기술과 기교를 부리며 새로운 이론이 나왔다가 사라지기를 반복해 온 것이 명리학의 역사입니다. 형·충·파·해나 통근, 지장간, 수많은 신살 그리고 다양한 용신론, 허자론 등이 그런 것들입니다.

2015년부터 음과 양을 대등하게 적용하여 만든 새로운 12운성 표를 수업에 적용하여 오다가, 2017년 이후 출간된 모든 책에는 새로운 12운성 표를 실었습니다. 그 후 기존 12운성에 의문을 가졌던 분들의 열렬한 호응을 받았고, 20~30년 공부를 했으나 답을 찾지 못해 명리를 포기하려는 순간 새로운 희망을 보았다는 분들도 만났습니다.

이번에 출간하는 《다시 쓰는 명리학 시리즈》는 음과 양이 대등하다는 자연의 법에 기준을 두고 '새로운 12운성, 새로운 12신살 그리고 십신의 재해석'에 이르기까지 명리학의 새로운 기준을 제시하고 있습니다.

제1권 『다시 쓰는 명리학(**이론편**)』은 기존 명리학과 다른 새로운 기준을 제시하는 명리학 종합이론서입니다.

제2권 『다시 쓰는 명리학(**응용편**)』은 1권에서 배운 이론들을 적용, 응용, 훈련하는 책입니다.

제3권 『다시 쓰는 명리학(**종합편**)』은 각 천간을 월별로 총 120가지로 분류하여 오행이 아닌 천간과 지지 중심으로 팔자를 볼 수 있도록 서술한 책입니다.

제4권 『다시 쓰는 명리학(**형충파해와 신살편**)』은 명리학에서 지엽적인 형충파해와 여러 가지 신살을 해석하는 방법에 대해 다루고 있습니다.

이 책들을 반복 학습한다면 전국 어디에서 공부하더라도 같은 팔자를 보면 똑같은 설명을 할 수 있습니다. 《실전편》을 찾는 분들이 있는데 다양한 질문에 따라 답이 나와야 하므로 글로 쓰기에는 상당히 힘들고 양

도 많아집니다. 나이스사주명리 홈페이지에 수업자들이 칠판에 적은 사주와 질문을 설명하는 '사주풀이 동영상 모음' 이 있습니다. 필요하신 분은 참고하기 바랍니다.

공자님 말씀 중에 溫故而知新온고이지신 可以爲師矣가이위사의라는 말이 있습니다. "옛것을 알고 새로운 것을 펼쳐야 스승이 될 수 있다."라는 말입니다. 수백 년 전 이론을 그대로 전달만 하고 있으면 스승이 될 자격이 없다는 뜻입니다. 자연의 법은 간단합니다. 밤과 낮처럼 음과 양은 대등하면서 반대로 운동합니다. 진리는 가까이 있는데 근본을 무시하고 그동안 지엽적인 것에서만 답을 찾으려고 헤매지 않았나 하는 생각이 듭니다.

사주팔자는 '태어날 때 각자에게 주어지는 시간표' 입니다. 명리학은 각자에게 주어진 시간표가 다르므로 '내 삶의 주인은 나' 라고 가르치고 있습니다. 남에게 간섭받지도 말고 간섭하지도 말며 자기가 자기 삶의 주인으로 살아가면 좋겠습니다.

책이란 표지와 종이가 아닌 책 속의 내용으로 가치가 매겨집니다. 이 책에는 기존 명리학의 문제점을 발견한 이후 오랫동안 시간과 노력을 들여 새롭게 정립한 이론들이 들어 있습니다. 책의 내용을 인용할 때는 반드시 출처를 밝혀 주시고, 이 책을 소유하신 분들도 불법 무단 복제되어 돌아다니지 않도록 해주시기 바랍니다. 무엇이든지 본인이 소중하게 여겨야 남도 소중하게 여깁니다.

건강〔體〕해야 일〔用〕을 할 수 있고, 내〔我〕가 있어야 주변 사람이나 사물들〔他〕이 있을 것이니 심신의 건강을 최우선으로 하시기 바랍니다. 모두 '명리(命理)와 함께 자연(自然)스러운 삶' 을 살아가면 좋겠습니다.

끝으로 이 책이 나올 수 있도록 몇 달 동안 수고해 주신 상원문화사 문해성 대표님, 김영철 실장님과 직원 여러분께 고마움을 전합니다. 그리고 동방문화대학원대학교 평생교육원과 신설동 전통과학아카데미, 광주 나이스사주명리학회에서 함께 공부하신 분들과 나이스사주명리 카페 회원 여러분들께도 감사함을 전합니다.

이 책의 교정에 참여해 주신 김은희님(서울), 김점수님(서울), 송지희님(인천), 우미연님(서울), 이경자님(서울), 이재숙님(청주), 장정호님(예산), 조원님(서울), 한수경님(서울) 정말 고맙습니다.

2023년 봄
빛고을 光州에서
孟起玉

차례...

01
천간과 지지 반대편 글자 3개씩 찾기

운의 글자와 같은 방향의 글자는 강해지고 운의 글자와 반대편 글자는 약해진다. 팔자에 있는 천간과 지지 반대편 글자를 3개씩 찾아보자. 예를 들면 천간 癸水의 반대편에는 丁戊己가 있고, 지지 丑土의 반대편에는 午未申이 있다.

01

癸	丁	丙	庚
丑	卯	戌	寅

연간 庚金 – 甲乙丙　　**연지** 寅木 – 未申酉

월간 丙火 – 庚辛壬　　**월지** 戌土 – 卯辰巳

일간 丁火 – 辛壬癸　　**일지** 卯木 – 申酉戌

시간 癸水 – 丁戊己　　**시지** 丑土 – 午未申

02

戊	辛	戊	丙
子	酉	戌	寅

연간 丙火 – 庚辛壬　　연지 寅木 – 未申酉

월간 戊土 – 壬癸甲　　월지 戌土 – 卯辰巳

일간 辛金 – 乙丙丁　　일지 酉金 – 寅卯辰

시간 戊土 – 壬癸甲　　시지 子水 – 巳午未

03

壬	辛	戊	丙
辰	未	戌	戌

연간 丙火 – 庚辛壬　　연지 戌土 – 卯辰巳

월간 戊土 – 壬癸甲　　월지 戌土 – 卯辰巳

일간 辛金 – 乙丙丁　　일지 未土 – 子丑寅

시간 壬水 – 丙丁戊　　시지 辰土 – 酉戌亥

04

壬	丁	己	乙
寅	酉	卯	亥

연간 乙木 – 己庚辛　　연지 亥水 – 辰巳午

월간 己土 – 癸甲乙　　월지 卯木 – 申酉戌

일간 丁火 – 辛壬癸　　일지 酉金 – 寅卯辰

시간 壬水 – 丙丁戊　　시지 寅木 – 未申酉

05

己	丙	乙	戊
亥	午	卯	戌

연간 戊土 – 壬癸甲

월간 乙木 – 己庚辛

일간 丙火 – 庚辛壬

시간 己土 – 癸甲乙

연지 戌土 – 卯辰巳

월지 卯木 – 申酉戌

일지 午火 – 亥子丑

시지 亥水 – 辰巳午

06

庚	癸	癸	己
申	未	酉	巳

연간 己土 – 癸甲乙

월간 癸水 – 丁戊己

일간 癸水 – 丁戊己

시간 庚金 – 甲乙丙

연지 巳火 – 戌亥子

월지 酉金 – 寅卯辰

일지 未土 – 子丑寅

시지 申金 – 丑寅卯

07

壬	壬	戊	壬
寅	辰	申	寅

연간 壬水 – 丙丁戊

월간 戊土 – 壬癸甲

일간 壬水 – 丙丁戊

시간 壬水 – 丙丁戊

연지 寅木 – 未申酉

월지 申金 – 丑寅卯

일지 辰土 – 酉戌亥

시지 寅木 – 未申酉

08

庚	己	辛	乙
午	巳	巳	丑

연간 乙木 – 己庚辛　　연지 丑土 – 午未申

월간 辛金 – 乙丙丁　　월지 巳火 – 戌亥子

일간 己土 – 癸甲乙　　일지 巳火 – 戌亥子

시간 庚金 – 甲乙丙　　시지 午火 – 亥子丑

09

辛	壬	丙	辛
亥	申	申	酉

연간 辛金 – 乙丙丁　　연지 酉金 – 寅卯辰

월간 丙火 – 庚辛壬　　월지 申金 – 丑寅卯

일간 壬水 – 丙丁戊　　일지 申金 – 丑寅卯

시간 辛金 – 乙丙丁　　시지 亥水 – 辰巳午

10

丙	癸	乙	庚
辰	亥	酉	寅

연간 庚金 – 甲乙丙　　연지 寅木 – 未申酉

월간 乙木 – 己庚辛　　월지 酉金 – 寅卯辰

일간 癸水 – 丁戊己　　일지 亥水 – 辰巳午

시간 丙火 – 庚辛壬　　시지 辰土 – 酉戌亥

11

癸	辛	甲	己
巳	未	戌	未

연간 己土 – 癸甲乙　　**연지** 未土 – 子丑寅

월간 甲木 – 戊己庚　　**월지** 戌土 – 卯辰巳

일간 辛金 – 乙丙丁　　**일지** 未土 – 子丑寅

시간 癸水 – 丁戊己　　**시지** 巳火 – 戌亥子

12

乙	甲	庚	辛
亥	辰	子	亥

연간 辛金 – 乙丙丁　　**연지** 亥水 – 辰巳午

월간 庚金 – 甲乙丙　　**월지** 子水 – 巳午未

일간 甲木 – 戊己庚　　**일지** 辰土 – 酉戌亥

시간 乙木 – 己庚辛　　**시지** 亥水 – 辰巳午

13

己	丙	癸	壬
亥	子	卯	子

연간 壬水 – 丙丁戊　　**연지** 子水 – 巳午未

월간 癸水 – 丁戊己　　**월지** 卯木 – 申酉戌

일간 丙火 – 庚辛壬　　**일지** 子水 – 巳午未

시간 己土 – 癸甲乙　　**시지** 亥水 – 辰巳午

14

癸	丙	庚	丙
巳	午	寅	午

연간 丙火 – 庚辛壬 **연지** 午火 – 亥子丑
월간 庚金 – 甲乙丙 **월지** 寅木 – 未申酉
일간 丙火 – 庚辛壬 **일지** 午火 – 亥子丑
시간 癸水 – 丁戊己 **시지** 巳火 – 戌亥子

15

乙	甲	戊	庚
亥	戌	子	戌

연간 庚金 – 甲乙丙 **연지** 戌土 – 卯辰巳
월간 戊土 – 壬癸甲 **월지** 子水 – 巳午未
일간 甲木 – 戊己庚 **일지** 戌土 – 卯辰巳
시간 乙木 – 己庚辛 **시지** 亥水 – 辰巳午

16

癸	癸	癸	丁
丑	亥	卯	未

연간 丁火 – 辛壬癸 **연지** 未土 – 子丑寅
월간 癸水 – 丁戊己 **월지** 卯木 – 申酉戌
일간 癸水 – 丁戊己 **일지** 亥水 – 辰巳午
시간 癸水 – 丁戊己 **시지** 丑土 – 午未申

17

庚	戊	壬	己
申	子	申	未

연간 己土 – 癸甲乙	연지 未土 – 子丑寅
월간 壬水 – 丙丁戊	월지 申金 – 丑寅卯
일간 戊土 – 壬癸甲	일지 子水 – 巳午未
시간 庚金 – 甲乙丙	시지 申金 – 丑寅卯

18

甲	癸	癸	丁
寅	卯	卯	亥

연간 丁火 – 辛壬癸	연지 亥水 – 辰巳午
월간 癸水 – 丁戊己	월지 卯木 – 申酉戌
일간 癸水 – 丁戊己	일지 卯木 – 申酉戌
시간 甲木 – 戊己庚	시지 寅木 – 未申酉

19

丙	癸	丁	甲
辰	丑	卯	午

연간 甲木 – 戊己庚	연지 午火 – 亥子丑
월간 丁火 – 辛壬癸	월지 卯木 – 申酉戌
일간 癸水 – 丁戊己	일지 丑土 – 午未申
시간 丙火 – 庚辛壬	시지 辰土 – 酉戌亥

20

丙	甲	己	己
寅	寅	巳	未

연간 己土 – 癸甲乙　　연지 未土 – 子丑寅
월간 己土 – 癸甲乙　　월지 巳火 – 戌亥子
일간 甲木 – 戊己庚　　일지 寅木 – 未申酉
시간 丙火 – 庚辛壬　　시지 寅木 – 未申酉

21

己	癸	辛	辛
未	酉	卯	卯

연간 辛金 – 乙丙丁　　연지 卯木 – 申酉戌
월간 辛金 – 乙丙丁　　월지 卯木 – 申酉戌
일간 癸水 – 丁戊己　　일지 酉金 – 寅卯辰
시간 己土 – 癸甲乙　　시지 未土 – 子丑寅

22

戊	丙	壬	戊
戌	子	戌	戌

연간 戊土 – 壬癸甲　　연지 戌土 – 卯辰巳
월간 壬水 – 丙丁戊　　월지 戌土 – 卯辰巳
일간 丙火 – 庚辛壬　　일지 子水 – 巳午未
시간 戊土 – 壬癸甲　　시지 戌土 – 卯辰巳

23

丁	辛	壬	丁
酉	巳	子	亥

연간 丁火 – 辛壬癸　　**연지** 亥水 – 辰巳午
월간 壬水 – 丙丁戊　　**월지** 子水 – 巳午未
일간 辛金 – 乙丙丁　　**일지** 巳火 – 戌亥子
시간 丁火 – 辛壬癸　　**시지** 酉金 – 寅卯辰

24

乙	辛	乙	丁
未	巳	巳	酉

연간 丁火 – 辛壬癸　　**연지** 酉金 – 寅卯辰
월간 乙木 – 己庚辛　　**월지** 巳火 – 戌亥子
일간 辛金 – 乙丙丁　　**일지** 巳火 – 戌亥子
시간 乙木 – 己庚辛　　**시지** 未土 – 子丑寅

25

乙	甲	壬	庚
丑	午	子	子

연간 庚金 – 甲乙丙　　**연지** 子水 – 巳午未
월간 壬水 – 丙丁戊　　**월지** 子水 – 巳午未
일간 甲木 – 戊己庚　　**일지** 午火 – 亥子丑
시간 乙木 – 己庚辛　　**시지** 丑土 – 午未申

26

辛	辛	甲	戊
卯	丑	寅	辰

연간 戊土－壬癸甲　　**연지** 辰土－酉戌亥

월간 甲木－戊己庚　　**월지** 寅木－未申酉

일간 辛金－乙丙丁　　**일지** 丑土－午未申

시간 辛金－乙丙丁　　**시지** 卯木－申酉戌

27

己	丁	戊	甲
酉	卯	辰	戌

연간 甲木－戊己庚　　**연지** 戌土－卯辰巳

월간 戊土－壬癸甲　　**월지** 辰土－酉戌亥

일간 丁火－辛壬癸　　**일지** 卯木－申酉戌

시간 己土－癸甲乙　　**시지** 酉金－寅卯辰

28

甲	己	甲	庚
子	丑	申	子

연간 庚金－甲乙丙　　**연지** 子水－巳午未

월간 甲木－戊己庚　　**월지** 申金－丑寅卯

일간 己土－癸甲乙　　**일지** 丑土－午未申

시간 甲木－戊己庚　　**시지** 子水－巳午未

29

己	戊	壬	壬
未	申	寅	申

연간 壬水 – 丙丁戊 연지 申金 – 丑寅卯

월간 壬水 – 丙丁戊 월지 寅木 – 未申酉

일간 戊土 – 壬癸甲 일지 申金 – 丑寅卯

시간 己土 – 癸甲乙 시지 未土 – 子丑寅

30

丙	庚	癸	丁
子	申	卯	卯

연간 丁火 – 辛壬癸 연지 卯木 – 申酉戌

월간 癸水 – 丁戊己 월지 卯木 – 申酉戌

일간 庚金 – 甲乙丙 일지 申金 – 丑寅卯

시간 丙火 – 庚辛壬 시지 子水 – 巳午未

31

辛	丁	甲	乙
丑	巳	申	未

연간 乙木 – 己庚辛 연지 未土 – 子丑寅

월간 甲木 – 戊己庚 월지 申金 – 丑寅卯

일간 丁火 – 辛壬癸 일지 巳火 – 戌亥子

시간 辛金 – 乙丙丁 시지 丑土 – 午未申

32

癸	丙	戊	癸
巳	寅	午	亥

연간 癸水 – 丁戊己　　연지 亥水 – 辰巳午
월간 戊土 – 壬癸甲　　월지 午火 – 亥子丑
일간 丙火 – 庚辛壬　　일지 寅木 – 未申酉
시간 癸水 – 丁戊己　　시지 巳火 – 戌亥子

33

辛	丙	辛	辛
卯	辰	卯	丑

연간 辛金 – 乙丙丁　　연지 丑土 – 午未申
월간 辛金 – 乙丙丁　　월지 卯木 – 申酉戌
일간 丙火 – 庚辛壬　　일지 辰土 – 酉戌亥
시간 辛金 – 乙丙丁　　시지 卯木 – 申酉戌

34

辛	乙	己	癸
巳	卯	未	酉

연간 癸水 – 丁戊己　　연지 酉金 – 寅卯辰
월간 己土 – 癸甲乙　　월지 未土 – 子丑寅
일간 乙木 – 己庚辛　　일지 卯木 – 申酉戌
시간 辛金 – 乙丙丁　　시지 巳火 – 戌亥子

35

丁	乙	甲	戊
丑	丑	寅	戌

연간 戊土 – 壬癸甲 **연지** 戌土 – 卯辰巳

월간 甲木 – 戊己庚 **월지** 寅木 – 未申酉

일간 乙木 – 己庚辛 **일지** 丑土 – 午未申

시간 丁火 – 辛壬癸 **시지** 丑土 – 午未申

36

乙	癸	乙	壬
卯	丑	巳	寅

연간 壬水 – 丙丁戊 **연지** 寅木 – 未申酉

월간 乙木 – 己庚辛 **월지** 巳火 – 戌亥子

일간 癸水 – 丁戊己 **일지** 丑土 – 午未申

시간 乙木 – 己庚辛 **시지** 卯木 – 申酉戌

37

癸	丁	丙	辛
卯	亥	申	卯

연간 辛金 – 乙丙丁 **연지** 卯木 – 申酉戌

월간 丙火 – 庚辛壬 **월지** 申金 – 丑寅卯

일간 丁火 – 辛壬癸 **일지** 亥水 – 辰巳午

시간 癸水 – 丁戊己 **시지** 卯木 – 申酉戌

38

乙	庚	丙	癸
酉	寅	辰	巳

연간 癸水 – 丁戊己	연지 巳火 – 戌亥子
월간 丙火 – 庚辛壬	월지 辰土 – 酉戌亥
일간 庚金 – 甲乙丙	일지 寅木 – 未申酉
시간 乙木 – 己庚辛	시지 酉金 – 寅卯辰

39

癸	甲	庚	己
酉	辰	午	未

연간 己土 – 癸甲乙	연지 未土 – 子丑寅
월간 庚金 – 甲乙丙	월지 午火 – 亥子丑
일간 甲木 – 戊己庚	일지 辰土 – 酉戌亥
시간 癸水 – 丁戊己	시지 酉金 – 寅卯辰

40

丁	庚	庚	癸
亥	子	申	丑

연간 癸水 – 丁戊己	연지 丑土 – 午未申
월간 庚金 – 甲乙丙	월지 申金 – 丑寅卯
일간 庚金 – 甲乙丙	일지 子水 – 巳午未
시간 丁火 – 辛壬癸	시지 亥水 – 辰巳午

41

壬	己	丁	壬
申	未	未	子

연간 壬水 – 丙丁戊

월간 丁火 – 辛壬癸

일간 己土 – 癸甲乙

시간 壬水 – 丙丁戊

연지 子水 – 巳午未

월지 未土 – 子丑寅

일지 未土 – 子丑寅

시지 申金 – 丑寅卯

42

辛	辛	乙	癸
卯	丑	卯	丑

연간 癸水 – 丁戊己

월간 乙木 – 己庚辛

일간 辛金 – 乙丙丁

시간 辛金 – 乙丙丁

연지 丑土 – 午未申

월지 卯木 – 申酉戌

일지 丑土 – 午未申

시지 卯木 – 申酉戌

43

辛	辛	戊	辛
卯	巳	子	酉

연간 辛金 – 乙丙丁

월간 戊土 – 壬癸甲

일간 辛金 – 乙丙丁

시간 辛金 – 乙丙丁

연지 酉金 – 寅卯辰

월지 子水 – 巳午未

일지 巳火 – 戌亥子

시지 卯木 – 申酉戌

44

癸	丁	己	壬
卯	丑	酉	辰

연간 壬水 - 丙丁戊　　연지 辰土 - 酉戌亥

월간 己土 - 癸甲乙　　월지 酉金 - 寅卯辰

일간 丁火 - 辛壬癸　　일지 丑土 - 午未申

시간 癸水 - 丁戊己　　시지 卯木 - 申酉戌

45

戊	庚	丁	甲
寅	寅	丑	申

연간 甲木 - 戊己庚　　연지 申金 - 丑寅卯

월간 丁火 - 辛壬癸　　월지 丑土 - 午未申

일간 庚金 - 甲乙丙　　일지 寅木 - 未申酉

시간 戊土 - 壬癸甲　　시지 寅木 - 未申酉

46

甲	丙	癸	丁
午	子	丑	巳

연간 丁火 - 辛壬癸　　연지 巳火 - 戌亥子

월간 癸水 - 丁戊己　　월지 丑土 - 午未申

일간 丙火 - 庚辛壬　　일지 子水 - 巳午未

시간 甲木 - 戊己庚　　시지 午火 - 亥子丑

47

己	癸	丁	丙
未	未	酉	辰

연간 丙火 – 庚辛壬
월간 丁火 – 辛壬癸
일간 癸水 – 丁戊己
시간 己土 – 癸甲乙

연지 辰土 – 酉戌亥
월지 酉金 – 寅卯辰
일지 未土 – 子丑寅
시지 未土 – 子丑寅

48

丙	甲	甲	壬
寅	申	辰	寅

연간 壬水 – 丙丁戊
월간 甲木 – 戊己庚
일간 甲木 – 戊己庚
시간 丙火 – 庚辛壬

연지 寅木 – 未申酉
월지 辰土 – 酉戌亥
일지 申金 – 丑寅卯
시지 寅木 – 未申酉

49

丁	乙	甲	己
丑	亥	戌	亥

연간 己土 – 癸甲乙
월간 甲木 – 戊己庚
일간 乙木 – 己庚辛
시간 丁火 – 辛壬癸

연지 亥水 – 辰巳午
월지 戌土 – 卯辰巳
일지 亥水 – 辰巳午
시지 丑土 – 午未申

50

壬	癸	甲	戊
子	丑	寅	申

연간 戊土 – 壬癸甲　　**연지** 申金 – 丑寅卯

월간 甲木 – 戊己庚　　**월지** 寅木 – 未申酉

일간 癸水 – 丁戊己　　**일지** 丑土 – 午未申

시간 壬水 – 丙丁戊　　**시지** 子水 – 巳午未

02

일간 기준 십신 쓰기

사주풀이를 하려면 십신을 알아야 하고, 십신을 알려면 오행의 상생상극을 알아야 한다. 십신은 천간끼리의 관계이므로 천간과 지지와는 연결하지 않는다. 일간은 십신을 정하는 기준이 된다.

시간－일간－월간－연간 순서로 적는다(일간과 지지로는 십신을 정하지 않는다).

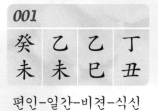

001

癸	乙	乙	丁
未	未	巳	丑

편인-일간-비견-식신

002

丁	乙	己	丙
丑	卯	亥	辰

식신-일간-편재-상관

003

戊	乙	庚	甲
寅	酉	午	子

정재-일간-정관-겁재

004

戊	乙	戊	庚
寅	巳	寅	辰

정재-일간-정재-정관

005

戊	己	癸	乙
辰	丑	未	酉

겁재-일간-편재-편관

006

辛	乙	乙	戊
巳	卯	卯	寅

편관-일간-비견-정재

007

丙	甲	戊	丁
寅	戌	申	卯

식신-일간-편재-상관

008

壬	癸	癸	甲
子	亥	酉	寅

겁재-일간-비견-상관

009

丙	丁	己	庚
午	丑	卯	午

겁재-일간-식신-정재

010

辛	壬	乙	己
亥	戌	亥	巳

정인-일간-상관-정관

011

癸	癸	癸	癸
亥	巳	亥	亥

비견-일간-비견-비견

012

甲	丁	己	丙
辰	卯	亥	辰

정인-일간-식신-겁재

013

甲	甲	庚	庚
子	辰	辰	申

비견-일간-편관-편관

014

戊	戊	己	乙
午	午	丑	巳

비견-일간-겁재-정관

015

乙	甲	癸	丁
亥	寅	卯	巳

겁재-일간-정인-상관

016

甲	甲	壬	己
子	申	申	未

비견-일간-편인-정재

017

乙	己	丙	己
亥	巳	寅	巳

편관-일간-정인-비견

018

丙	戊	丙	己
辰	戌	寅	亥

편인-일간-편인-겁재

019

辛	丁	辛	癸
丑	丑	酉	丑

편재-일간-편재-편관

020

戊	辛	辛	丁
子	亥	亥	卯

정인-일간-비견-편관

021

丁	己	戊	壬
卯	巳	申	戌

편인-일간-겁재-정재

022

丁	甲	辛	丙
卯	辰	卯	寅

상관-일간-정관-식신

023

乙	丁	丙	己
巳	未	寅	巳

편인-일간-겁재-식신

024

辛	壬	戊	辛
亥	子	戌	酉

정인-일간-편관-정인

025

丁	戊	壬	己
巳	戌	申	巳

정인-일간-편재-겁재

026

丁	乙	壬	乙
亥	亥	午	卯

식신-일간-정인-비견

027

己	丙	丙	甲
丑	寅	寅	子

상관-일간-비견-편인

028

癸	癸	癸	壬
丑	酉	卯	申

비견-일간-비견-겁재

029

壬	己	辛	己
申	巳	未	丑

정재-일간-식신-비견

030

戊	乙	甲	辛
寅	巳	午	酉

정재-일간-겁재-편관

031

乙	丙	戊	己
未	戌	辰	巳

정인-일간-식신-상관

032

癸	甲	丁	丁
酉	戌	未	未

정인-일간-상관-상관

033

己	丙	辛	甲
丑	戌	未	戌

상관-일간-정재-편인

034

戊	癸	壬	乙
午	酉	午	酉

정관-일간-겁재-식신

035

甲	癸	庚	辛
寅	酉	子	卯

상관-일간-정인-편인

036

庚	壬	壬	乙
子	午	午	未

편인-일간-비견-상관

037

丙	辛	丁	庚
申	酉	亥	辰

정관-일간-편관-겁재

038

庚	丙	辛	辛
寅	子	卯	酉

편재-일간-정재-정재

039

丙	乙	己	癸
子	卯	未	丑

상관-일간-편재-편인

040

辛	壬	甲	己
丑	寅	戌	未

정인-일간-식신-정관

041

癸	戊	癸	壬
丑	子	卯	子

정재-일간-정재-편재

042

丁	甲	庚	乙
卯	子	辰	亥

상관-일간-편관-겁재

043

丁	癸	乙	戊
巳	丑	丑	辰

편재-일간-식신-정관

044

癸	壬	甲	癸
卯	申	子	亥

겁재-일간-식신-겁재

045

丁	癸	壬	乙
巳	卯	午	丑

편재-일간-겁재-식신

046

戊	乙	戊	庚
寅	亥	子	子

정재-일간-정재-정관

047

乙	癸	丙	戊
卯	巳	辰	午

식신-일간-정재-정관

048

甲	辛	壬	乙
午	酉	午	亥

정재-일간-상관-편재

049

己	甲	己	甲
巳	午	巳	寅

정재-일간-정재-비견

050

壬	辛	乙	丙
辰	未	未	午

상관-일간-편재-정관

051

己	甲	戊	丙
巳	戌	戌	寅

정재-일간-편재-식신

052

丁	戊	甲	丙
巳	寅	午	寅

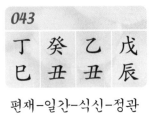

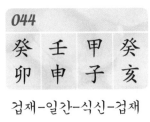

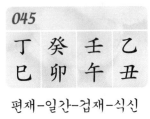

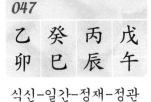

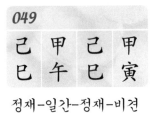

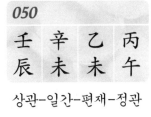

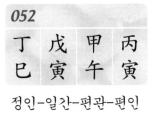

정인-일간-편관-편인

053

丙	戊	己	己
辰	辰	巳	巳

편인-일간-겁재-겁재

054

己	乙	戊	丁
卯	亥	申	丑

편재-일간-정재-식신

055

辛	辛	己	乙
卯	亥	卯	卯

비견-일간-편인-편재

056

癸	己	丙	甲
酉	卯	寅	子

편재-일간-정인-정관

057

乙	戊	辛	丁
卯	寅	亥	亥

정관-일간-상관-정인

058

庚	辛	丁	癸
寅	丑	巳	亥

겁재-일간-편관-식신

059

丙	庚	甲	癸
戌	戌	寅	酉

편관-일간-편재-상관

060

丁	辛	甲	戊
酉	卯	寅	午

편관-일간-정재-정인

061

甲	庚	甲	戊
申	寅	寅	寅

편재-일간-편재-편인

062

戊	辛	丙	己
戌	卯	寅	未

정인-일간-정관-편인

063

庚	庚	乙	癸
辰	寅	卯	亥

비견-일간-정재-상관

064

癸	戊	癸	壬
丑	申	丑	申

정재-일간-정재-편재

065

丙	乙	庚	丙
子	亥	子	子

상관-일간-정관-상관

066

甲	己	癸	辛
戌	亥	巳	酉

정관-일간-편재-식신

067

甲	戊	辛	壬
寅	子	亥	申

편관-일간-상관-편재

068

丙	乙	丙	甲
子	亥	子	申

상관-일간-상관-겁재

069

壬	己	壬	壬
申	未	寅	申

정재-일간-정재-정재

070

丙	乙	壬	壬
子	亥	寅	申

상관-일간-정인-정인

071

壬	丙	壬	丁
辰	申	寅	卯

편관-일간-편관-겁재

072

丁	乙	庚	丙
亥	未	子	辰

식신-일간-정관-상관

073

甲	丙	癸	癸
午	申	亥	亥

편인-일간-정관-정관

074

辛	丙	乙	丁
卯	辰	巳	巳

정재-일간-정인-겁재

075

戊	壬	丙	丙
申	申	申	子

편관-일간-편재-편재

076

辛	丙	戊	庚
卯	申	寅	午

정재-일간-식신-편재

077

丙	癸	庚	戊
辰	未	申	子

정재-일간-정인-정관

078

癸	戊	乙	己
丑	辰	亥	巳

정재-일간-정관-겁재

079

辛	戊	戊	丙
酉	辰	戌	戌

상관-일간-비견-편인

080

乙	甲	乙	丙
丑	寅	未	戌

겁재-일간-겁재-식신

081

庚	辛	丁	癸
寅	丑	巳	亥

겁재-일간-편관-식신

082

甲	己	己	辛
戌	未	亥	丑

정관-일간-비견-식신

083

辛	丙	戊	乙
卯	戌	子	巳

정재-일간-식신-정인

084

乙	甲	庚	己
丑	寅	午	未

겁재-일간-편관-정재

085

辛	癸	己	丁
酉	酉	酉	巳

편인-일간-편관-편재

086

丁	己	丁	庚
卯	卯	亥	辰

편인-일간-편인-상관

087

壬	丙	壬	丁
辰	申	寅	卯

편관-일간-편관-겁재

088

丁	甲	戊	丙
卯	戌	戌	寅

상관-일간-편재-식신

089

辛	乙	甲	乙
巳	丑	申	亥

편관-일간-겁재-비견

090

乙	己	辛	壬
亥	亥	亥	戌

편관-일간-식신-정재

091

庚	己	丙	丙
午	卯	申	寅

상관-일간-정인-정인

092

乙	丁	戊	丁
巳	酉	申	酉

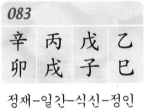

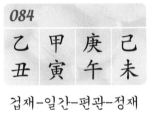

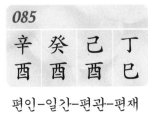

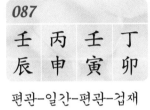

편인-일간-상관-비견

093

甲	甲	丙	己
子	申	寅	卯

비견-일간-식신-정재

094

己	乙	丙	壬
卯	巳	午	申

편재-일간-상관-정인

095

癸	甲	己	乙
酉	辰	卯	亥

정인-일간-정재-겁재

096

乙	戊	癸	丙
卯	申	巳	寅

정관-일간-정재-편인

097

癸	戊	壬	辛
亥	午	辰	酉

정재-일간-편재-상관

098

壬	丙	丙	辛
辰	辰	申	酉

편관-일간-비견-정재

099

壬	戊	丙	己
戌	申	寅	巳

편재-일간-편인-겁재

100

丙	戊	辛	戊
辰	午	酉	辰

편인-일간-상관-비견

나이스사주명리

다시 쓰는 명리학

…응용편…

03

월지 기준 왕상휴수(旺相休囚)

왕상휴수는 오행과 사계절을 적용한 천간과 지지의 관계이다. 왕상휴수도 12운성처럼 火土동법을 적용한다. 12운성을 공부하면 왕상휴수는 필요하지 않으나 학습 과정에서 정리해 보자.

	寅卯辰에서 확산	巳午未에서 더 확산	申酉戌에서 응축	亥子丑에서 더 응축
甲木과 辛金	왕(록왕쇠)	휴(병사묘)	수(절태양)	상(생욕대)
丙火(戊土)와 癸水	상(생욕대)	왕(록왕쇠)	휴(병사묘)	수(절태양)
庚金과 乙木	수(절태양)	상(생욕대)	왕(록왕쇠)	휴(병사묘)
壬水와 丁火(己土)	휴(병사묘)	수(절태양)	상(생욕대)	왕(록왕쇠)

출근하는 시기는 상(相), 일하는 시기는 왕(旺), 퇴근하는 시기는 휴(休), 잠자는 시기는 수(囚)로 생각하면 쉽다.

다음 사주를 보고 월지 기준으로 천간의 4글자를 왕상휴수로 표시해 보자.

001

相	休	旺	休
壬	丙	庚	癸
辰	午	申	酉

002

休	相	旺	相
丁	丙	甲	戊
酉	申	寅	申

003

囚	旺	旺	囚
壬	癸	丙	丁
戌	巳	午	巳

004

休	囚	囚	囚
丁	庚	庚	庚
亥	申	辰	申

005

休	相	囚	旺
乙	甲	丙	己
亥	子	子	亥

006

旺	旺	囚	囚
壬	壬	癸	癸
寅	子	亥	亥

007

相	旺	旺	相
丙	甲	甲	癸
寅	寅	寅	丑

008

相	旺	囚	休
壬	庚	辛	癸
午	寅	酉	亥

009

相	囚	相	旺
甲	癸	辛	壬
寅	丑	亥	子

010

旺	相	相	休
甲	癸	戊	己
寅	未	辰	巳

011

休	旺	旺	相
乙	壬	丁	甲
巳	寅	丑	子

012

囚	相	旺	旺
庚	丙	辛	辛
寅	申	卯	亥

013

休	囚	旺	囚
乙	戊	己	丙
卯	寅	亥	辰

014

相	囚	休	休
丙	庚	壬	壬
戌	子	寅	午

015

休	旺	囚	旺
甲	癸	己	戊
寅	卯	未	子

016

休	休	旺	休
丙	戊	庚	戊
辰	申	申	申

017

相	旺	休	旺
丙	甲	丁	甲
寅	午	卯	子

018

囚	旺	旺	相
丙	壬	丁	甲
午	寅	丑	戌

019

相	休	相	囚
壬	戊	壬	甲
戌	寅	申	子

020

旺	休	囚	休
丙	甲	己	甲
寅	寅	巳	子

021

旺	旺	囚	休
癸	戊	己	甲
丑	午	巳	子

022

囚	相	旺	囚
己	庚	丙	壬
卯	午	午	戌

023

相	休	旺	旺
丙	丁	辛	辛
午	丑	卯	亥

024

囚	相	囚	囚
辛	己	甲	甲
未	丑	戌	子

025

相	相	旺	相
癸	戊	甲	戊
丑	寅	寅	寅

026

旺	相	囚	相
甲	戊	庚	丙
寅	寅	寅	寅

027

相	旺	相	囚
庚	戊	乙	壬
申	子	巳	申

028

旺	囚	囚	囚
丁	丙	癸	癸
酉	午	亥	亥

029

休	相	休	囚
丁	丙	己	乙
酉	午	卯	卯

030

囚	休	相	囚
己	辛	乙	壬
亥	未	巳	申

031

旺	休	旺	囚
戊	甲	丙	丁
辰	申	午	巳

032

休	休	囚	相
己	壬	乙	癸
酉	子	卯	丑

033

相	休	休	旺
癸	己	壬	辛
酉	酉	辰	未

034

休	旺	相	囚
庚	壬	辛	丙
戌	子	丑	寅

035

休	相	休	旺
壬	戊	丁	甲
戌	戌	卯	子

036

囚	休	旺	休
乙	壬	甲	丁
巳	辰	辰	巳

037

相	囚	相	相
戊	乙	丙	癸
子	卯	辰	巳

038

休	休	相	旺
壬	壬	丙	甲
寅	申	寅	寅

039

休	相	旺	相
丁	丙	甲	戊
酉	申	寅	申

040

囚	旺	旺	囚
壬	癸	丙	丁
戌	巳	午	巳

041

旺	休	休	囚
乙	戊	癸	甲
卯	申	酉	子

042

休	休	休	相
丙	丙	戊	丁
申	辰	申	酉

043

旺	休	相	休
甲	壬	癸	丁
辰	辰	卯	酉

044

休	囚	囚	旺
甲	壬	己	戊
辰	辰	未	戌

045

囚	旺	囚	休
辛	庚	辛	癸
巳	申	酉	酉

046

旺	囚	相	相
辛	庚	丙	癸
巳	申	辰	酉

047

休	旺	休	囚
辛	丙	辛	己
卯	戌	未	巳

048

囚	休	旺	旺
壬	辛	戊	癸
辰	巳	午	酉

049

相	休	休	旺
丁	癸	丙	庚
巳	亥	戌	午

050

旺	旺	旺	相
丙	癸	癸	庚
辰	巳	未	午

051

相	相	囚	旺
己	丁	甲	庚
酉	卯	申	午

052

囚	休	相	旺
戊	庚	辛	丁
寅	申	亥	巳

053

休	休	休	休
丙	戊	丙	丙
辰	寅	申	戌

054

旺	旺	囚	休
己	丁	戊	乙
酉	卯	子	亥

055

囚	囚	囚	囚
甲	甲	甲	甲
戌	戌	戌	戌

056

休	相	囚	相
戊	己	甲	己
辰	未	戌	丑

057

旺	休	休	休
丙	甲	甲	辛
寅	戌	午	亥

058

相	相	囚	囚
戊	戊	庚	乙
午	辰	辰	亥

059

旺	囚	囚	囚
壬	癸	癸	癸
戌	卯	亥	亥

060

囚	相	囚	休
辛	丁	辛	癸
丑	丑	酉	丑

061

囚	相	休	囚
辛	壬	戊	辛
亥	子	戌	酉

062

囚	休	相	休
乙	己	丙	己
亥	巳	寅	巳

063

相	相	相	休
丙	戊	丙	己
辰	戌	寅	亥

064

相	旺	旺	囚
甲	丁	己	丙
辰	卯	亥	辰

065

囚	囚	相	相
甲	甲	壬	己
子	申	申	未

066

囚	囚	囚	囚
癸	癸	癸	癸
亥	巳	亥	亥

067

囚	旺	相	休
乙	甲	癸	丁
亥	寅	卯	巳

068

相	旺	休	旺
辛	壬	乙	己
亥	戌	亥	巳

069

囚	囚	旺	休
戊	戊	己	乙
午	午	丑	巳

070

相	休	休	囚
丙	丁	己	庚
午	丑	卯	午

071

旺	旺	囚	囚
甲	甲	庚	庚
子	辰	辰	申

072

相	囚	相	囚
戊	乙	戊	庚
寅	巳	寅	辰

073

相	休	休	囚
壬	癸	癸	甲
子	亥	酉	寅

074

旺	相	相	休
戊	乙	庚	甲
寅	酉	午	子

075

休	囚	休	相
丙	甲	戊	丁
寅	戌	申	卯

076

相	相	囚	休
甲	甲	戊	庚
子	子	子	戌

077

囚	休	相	囚
丙	庚	甲	戊
子	子	子	午

078

相	囚	相	休
庚	壬	乙	辛
戌	辰	未	酉

079

休	旺	相	相
己	甲	丙	癸
巳	辰	辰	酉

080

囚	休	休	休
壬	辛	辛	甲
辰	亥	未	午

081

旺	休	休	囚
戊	辛	辛	己
戌	未	未	巳

082

休	休	相	囚
甲	辛	庚	己
午	未	午	丑

083

旺	休	囚	旺
戊	辛	丁	戊
子	卯	巳	子

084

休	休	旺	休
甲	甲	癸	辛
子	申	巳	未

085

旺	休	旺	囚
丙	甲	丙	壬
寅	申	午	子

086

囚	休	囚	囚
戊	乙	癸	戊
寅	巳	亥	寅

087

旺	休	旺	囚
丁	乙	己	丙
丑	卯	亥	辰

088

旺	囚	囚	相
辛	乙	乙	戊
巳	卯	卯	辰

089

旺	相	相	囚
癸	乙	乙	丁
未	未	巳	丑

090

旺	囚	旺	相
戊	己	癸	乙
辰	丑	未	酉

091

旺	休	休	相
庚	癸	戊	壬
申	酉	申	戌

092

旺	旺	旺	相
甲	甲	甲	戊
子	戌	寅	辰

093

囚	旺	相	旺
乙	甲	丙	甲
亥	寅	寅	子

094

相	旺	休	相
甲	己	乙	甲
子	亥	亥	子

095

囚	囚	旺	休
戊	丙	丁	庚
戌	子	亥	辰

096

囚	相	旺	相
辛	壬	庚	丁
丑	午	戌	卯

097

相	囚	囚	相
戊	乙	庚	丙
寅	未	寅	寅

098

囚	相	囚	囚
戊	辛	癸	癸
子	丑	亥	亥

099

囚	休	相	囚
庚	丁	戊	乙
戌	卯	寅	卯

100

旺	旺	旺	旺
甲	甲	辛	辛
子	戌	卯	酉

나이스사주명리

다시 쓰는 명리학

…응용편…

04

천간의 속성

양간은 안에서 밖으로 나가는 운동을 하고, 음간은 밖에서 안으로 들어가는 운동을 한다. 안으로 들어가면 보이지 않게 된다. 보이지 않는 음을 잘 읽어야 고수가 될 수 있다. 양간은 주로 손발을 쓰고, 음간은 주로 두뇌를 쓴다.

_甲木은 안에서 밖으로 나가면서 **확산 상승운동**
_乙木은 밖에서 안으로 들어가면서 **응축 하강운동**

_丙火는 안에서 밖으로 나가면서 **더 확산 더 상승운동**
_丁火는 밖에서 안으로 들어가면서 **더 응축 더 하강운동**

_戊土는 안에서 밖으로 나가면서 **더 확산 더 상승운동**
_己土는 밖에서 안으로 들어가면서 **더 응축 더 하강운동**

_庚金은 안에서 밖으로 나가면서 **응축 하강운동**
_辛金은 밖에서 안으로 들어가면서 **확산 상승운동**

_壬水는 안에서 밖으로 나가면서 더 응축 더 하강운동

_癸水는 밖에서 안으로 들어가면서 더 확산 더 상승운동

다음 사주의 연간 · 월간 · 일간 · 시간의 속성을 적어 보자.

(연간–월간–일간–시간의 순서로).

01

癸	丁	丙	庚
丑	卯	戌	寅

- **연간** 庚金 – 응축 하강
- **월간** 丙火 – 더 확산 더 상승
- **일간** 丁火 – 더 응축 더 하강
- **시간** 癸水 – 더 확산 더 상승

02

戊	辛	戊	丙
子	酉	戌	寅

- **연간** 丙火 – 더 확산 더 상승
- **월간** 戊土 – 더 확산 더 상승
- **일간** 辛金 – 확산 상승
- **시간** 戊土 – 더 확산 더 상승

03

壬	辛	戊	丙
辰	未	戌	戌

- **연간** 丙火 – 더 확산 더 상승
- **월간** 戊土 – 더 확산 더 상승
- **일간** 辛金 – 확산 상승
- **시간** 壬水 – 더 응축 더 하강

04

壬	丁	己	乙
寅	酉	卯	亥

- **연간** 乙木 – 응축 하강
- **월간** 己土 – 더 응축 더 하강
- **일간** 丁火 – 더 응축 더 하강
- **시간** 壬水 – 더 응축 더 하강

05

己	丙	乙	戊
亥	午	卯	戌

- **연간** 戊土 – 더 확산 더 상승
- **월간** 乙木 – 응축 하강
- **일간** 丙火 – 더 확산 더 상승
- **시간** 己土 – 더 응축 더 하강

06

庚	癸	癸	己
申	未	酉	巳

- **연간** 己土 – 더 응축 더 하강
- **월간** 癸水 – 더 확산 더 상승
- **일간** 癸水 – 더 확산 더 상승
- **시간** 庚金 – 응축 하강

07

壬	壬	戊	壬
寅	辰	申	寅

- **연간** 壬水 – 더 응축 더 하강
- **월간** 戊土 – 더 확산 더 상승
- **일간** 壬水 – 더 응축 더 하강
- **시간** 壬水 – 더 응축 더 하강

08

庚	己	辛	乙
午	巳	巳	丑

- **연간** 乙木 – 응축 하강
- **월간** 辛金 – 확산 상승
- **일간** 己土 – 더 응축 더 하강
- **시간** 庚金 – 응축 하강

09

辛	壬	丙	辛
亥	申	申	酉

- **연간** 辛金 – 확산 상승
- **월간** 丙火 – 더 확산 더 상승
- **일간** 壬水 – 더 응축 더 하강
- **시간** 辛金 – 확산 상승

10

丙	癸	乙	庚
辰	亥	酉	寅

- **연간** 庚金 – 응축 하강
- **월간** 乙木 – 응축 하강
- **일간** 癸水 – 더 확산 더 상승
- **시간** 丙火 – 더 확산 더 상승

11

癸	辛	甲	己
巳	未	戌	未

- **연간** 己土 – 더 응축 더 하강
- **월간** 甲木 – 확산 상승
- **일간** 辛金 – 확산 상승
- **시간** 癸水 – 더 확산 더 상승

12

乙	甲	庚	辛
亥	辰	子	亥

- **연간** 辛金 – 확산 상승
- **월간** 庚金 – 응축 하강
- **일간** 甲木 – 확산 상승
- **시간** 乙木 – 응축 하강

13

己	丙	癸	壬
亥	子	卯	子

- **연간** 壬水 – 더 응축 더 하강
- **월간** 癸水 – 더 확산 더 상승
- **일간** 丙火 – 더 확산 더 상승
- **시간** 己土 – 더 응축 더 하강

14

癸	丙	庚	丙
巳	午	寅	午

- **연간** 丙火 – 더 확산 더 상승
- **월간** 庚金 – 응축 하강
- **일간** 丙火 – 더 확산 더 상승
- **시간** 癸水 – 더 확산 더 상승

15

乙	甲	戊	庚
亥	戌	子	戌

- **연간** 庚金 – 응축 하강
- **월간** 戊土 – 더 확산 더 상승
- **일간** 甲木 – 확산 상승
- **시간** 乙木 – 응축 하강

16

癸	癸	癸	丁
丑	亥	卯	未

- **연간** 丁火 – 더 응축 더 하강
- **월간** 癸水 – 더 확산 더 상승
- **일간** 癸水 – 더 확산 더 상승
- **시간** 癸水 – 더 확산 더 상승

17

庚	戊	壬	己
申	子	申	未

- **연간** 己土 – 더 응축 더 하강
- **월간** 壬水 – 더 응축 더 하강
- **일간** 戊土 – 더 확산 더 상승
- **시간** 庚金 – 응축 하강

18

甲	癸	癸	丁
寅	卯	卯	亥

- **연간** 丁火 – 더 응축 더 하강
- **월간** 癸水 – 더 확산 더 상승
- **일간** 癸水 – 더 확산 더 상승
- **시간** 甲木 – 확산 상승

19

丙	癸	丁	甲
辰	丑	卯	午

- **연간** 甲木 – 확산 상승
- **월간** 丁火 – 더 응축 더 하강
- **일간** 癸水 – 더 확산 더 상승
- **시간** 丙火 – 더 확산 더 상승

20

丙	甲	己	己
寅	寅	巳	未

- **연간** 己土 – 더 응축 더 하강
- **월간** 己土 – 더 응축 더 하강
- **일간** 甲木 – 확산 상승
- **시간** 丙火 – 더 확산 더 상승

21

己	癸	辛	辛
未	酉	卯	卯

- **연간** 辛金 – 확산 상승
- **월간** 辛金 – 확산 상승
- **일간** 癸水 – 더 확산 더 상승
- **시간** 己土 – 더 응축 더 하강

22

戊	丙	壬	戊
戌	子	戌	戌

- **연간** 戊土 – 더 확산 더 상승
- **월간** 壬水 – 더 응축 더 하강
- **일간** 丙火 – 더 확산 더 상승
- **시간** 戊土 – 더 확산 더 상승

23

丁	辛	壬	丁
酉	巳	子	亥

- **연간** 丁火 – 더 응축 더 하강
- **월간** 壬水 – 더 응축 더 하강
- **일간** 辛金 – 확산 상승
- **시간** 丁火 – 더 응축 더 하강

24

乙	辛	乙	丁
未	巳	巳	酉

- **연간** 丁火 – 더 응축 더 하강
- **월간** 乙木 – 응축 하강
- **일간** 辛金 – 확산 상승
- **시간** 乙木 – 응축 하강

25

乙	甲	壬	庚
丑	午	子	子

- **연간** 庚金 – 응축 하강
- **월간** 壬水 – 더 응축 더 하강
- **일간** 甲木 – 확산 상승
- **시간** 乙木 – 응축 하강

26

辛	辛	甲	戊
卯	丑	寅	辰

- **연간** 戊土 – 더 확산 더 상승
- **월간** 甲木 – 확산 상승
- **일간** 辛金 – 확산 상승
- **시간** 辛金 – 확산 상승

27

己	丁	戊	甲
酉	卯	辰	戌

- **연간** 甲木 – 확산 상승
- **월간** 戊土 – 더 확산 더 상승
- **일간** 丁火 – 더 응축 더 하강
- **시간** 己土 – 더 응축 더 하강

28

甲	己	甲	庚
子	丑	申	子

- **연간** 庚金 – 응축 하강
- **월간** 甲木 – 확산 상승
- **일간** 己土 – 더 응축 더 하강
- **시간** 甲木 – 확산 상승

29

己	戊	壬	壬
未	申	寅	申

- **연간** 壬水 – 더 응축 더 하강
- **월간** 壬水 – 더 응축 더 하강
- **일간** 戊土 – 더 확산 더 상승
- **시간** 己土 – 더 응축 더 하강

30

丙	庚	癸	丁
子	申	卯	卯

- **연간** 丁火 – 더 응축 더 하강
- **월간** 癸水 – 더 확산 더 상승
- **일간** 庚金 – 응축 하강
- **시간** 丙火 – 더 확산 더 상승

31

辛	丁	甲	乙
丑	巳	申	未

- **연간** 乙木 – 응축 하강
- **월간** 甲木 – 확산 상승
- **일간** 丁火 – 더 응축 더 하강
- **시간** 辛金 – 확산 상승

32

癸	丙	戊	癸
巳	寅	午	亥

- **연간** 癸水 – 더 확산 더 상승
- **월간** 戊土 – 더 확산 더 상승
- **일간** 丙火 – 더 확산 더 상승
- **시간** 癸水 – 더 확산 더 상승

33

辛	丙	辛	辛
卯	辰	卯	丑

- **연간** 辛金 – 확산 상승
- **월간** 辛金 – 확산 상승
- **일간** 丙火 – 더 확산 더 상승
- **시간** 辛金 – 확산 상승

34

辛	乙	己	癸
巳	卯	未	酉

- **연간** 癸水 – 더 확산 더 상승
- **월간** 己土 – 더 응축 더 하강
- **일간** 乙木 – 응축 하강
- **시간** 辛金 – 확산 상승

35

丁	乙	甲	戊
丑	丑	寅	戌

- **연간** 戊土 – 더 확산 더 상승
- **월간** 甲木 – 확산 상승
- **일간** 乙木 – 응축 하강
- **시간** 丁火 – 더 응축 더 하강

36

乙	癸	乙	壬
卯	丑	巳	寅

- **연간** 壬水 – 더 응축 더 하강
- **월간** 乙木 – 응축 하강
- **일간** 癸水 – 더 확산 더 상승
- **시간** 乙木 – 응축 하강

37

癸	丁	丙	辛
卯	亥	申	卯

- **연간** 辛金 – 확산 상승
- **월간** 丙火 – 더 확산 더 상승
- **일간** 丁火 – 더 응축 더 하강
- **시간** 癸水 – 더 확산 더 상승

38

乙	庚	丙	癸
酉	寅	辰	巳

- **연간** 癸水 – 더 확산 더 상승
- **월간** 丙火 – 더 확산 더 상승
- **일간** 庚金 – 응축 하강
- **시간** 乙木 – 응축 하강

39

癸	甲	庚	己
酉	辰	午	未

- **연간** 己土 – 더 응축 더 하강
- **월간** 庚金 – 응축 하강
- **일간** 甲木 – 확산 상승
- **시간** 癸水 – 더 확산 더 상승

40

丁	庚	庚	癸
亥	子	申	丑

- **연간** 癸水 – 더 확산 더 상승
- **월간** 庚金 – 응축 하강
- **일간** 庚金 – 응축 하강
- **시간** 丁火 – 더 응축 더 하강

41

壬	己	丁	壬
申	未	未	子

- **연간** 壬水 – 더 응축 더 하강
- **월간** 丁火 – 더 응축 더 하강
- **일간** 己土 – 더 응축 더 하강
- **시간** 壬水 – 더 응축 더 하강

42

辛	辛	乙	癸
卯	丑	卯	丑

- **연간** 癸水 – 더 확산 더 상승
- **월간** 乙木 – 응축 하강
- **일간** 辛金 – 확산 상승
- **시간** 辛金 – 확산 상승

43

辛	辛	戊	辛
卯	巳	子	酉

- **연간** 辛金 – 확산 상승
- **월간** 戊土 – 더 확산 더 상승
- **일간** 辛金 – 확산 상승
- **시간** 辛金 – 확산 상승

44

癸	丁	己	壬
卯	丑	酉	辰

- **연간** 壬水 – 더 응축 더 하강
- **월간** 己土 – 더 응축 더 하강
- **일간** 丁火 – 더 응축 더 하강
- **시간** 癸水 – 더 확산 더 상승

45

戊	庚	丁	甲
寅	寅	丑	申

- **연간** 甲木 – 확산 상승
- **월간** 丁火 – 더 응축 더 하강
- **일간** 庚金 – 응축 하강
- **시간** 戊土 – 더 확산 더 상승

46

甲	丙	癸	丁
午	子	丑	巳

- **연간** 丁火 – 더 응축 더 하강
- **월간** 癸水 – 더 확산 더 상승
- **일간** 丙火 – 더 확산 더 상승
- **시간** 甲木 – 확산 상승

47			
己	癸	丁	丙
未	未	酉	辰

- **연간** 丙火 – 더 확산 더 상승
- **월간** 丁火 – 더 응축 더 하강
- **일간** 癸水 – 더 확산 더 상승
- **시간** 己土 – 더 응축 더 하강

48			
丙	甲	甲	壬
寅	申	辰	寅

- **연간** 壬水 – 더 응축 더 하강
- **월간** 甲木 – 확산 상승
- **일간** 甲木 – 확산 상승
- **시간** 丙火 – 더 확산 더 상승

49			
丁	乙	甲	己
丑	亥	戌	亥

- **연간** 己土 – 더 응축 더 하강
- **월간** 甲木 – 확산 상승
- **일간** 乙木 – 응축 하강
- **시간** 丁火 – 더 응축 더 하강

50			
壬	癸	甲	戊
子	丑	寅	申

- **연간** 戊土 – 더 확산 더 상승
- **월간** 甲木 – 확산 상승
- **일간** 癸水 – 더 확산 더 상승
- **시간** 壬水 – 더 응축 더 하강

05

대운의 흐름 쓰기

대운은 월주를 기준으로 한다. 남자 사주〔乾〕는 연간이 양〔甲丙戊庚壬〕이면 순행〔60갑자 순서〕하고, 연간이 음〔乙丁己辛癸〕이면 역행〔60갑자 역순〕한다. 여자 사주〔坤〕는 반대가 된다.

1번부터 50번까지는 남자 사주로 간주하고 대운을 쓰고,

51번부터 100번까지는 여자 사주로 간주하고 대운을 적어 보자.

001

壬	丙	丙	丙
辰	午	申	辰

⊙ 대운

癸	壬	辛	庚	己	戊	丁
卯	寅	丑	子	亥	戌	酉

002

戊	辛	戊	丙
子	酉	戌	寅

⊙ 대운

乙	甲	癸	壬	辛	庚	己
巳	辰	卯	寅	丑	子	亥

003

壬	辛	戊	丙
辰	未	戌	戌

⊙대운

乙	甲	癸	壬	辛	庚	己
巳	辰	卯	寅	丑	子	亥

004

壬	丁	己	乙
寅	酉	卯	亥

⊙대운

壬	癸	甲	乙	丙	丁	戊
申	酉	戌	亥	子	丑	寅

005

己	丙	乙	戊
亥	午	卯	戌

⊙대운

壬	辛	庚	己	戊	丁	丙
戌	酉	申	未	午	巳	辰

006

庚	癸	癸	己
申	未	酉	巳

⊙대운

丙	丁	戊	己	庚	辛	壬
寅	卯	辰	巳	午	未	申

007

壬	壬	戊	壬
寅	辰	申	寅

⊙대운

乙	甲	癸	壬	辛	庚	己
卯	寅	丑	子	亥	戌	酉

008

庚	己	辛	乙
午	巳	巳	亥

⊙대운

甲	乙	丙	丁	戊	己	庚
戌	亥	子	丑	寅	卯	辰

009

辛	壬	丙	辛
亥	申	申	酉

⊙대운

己	庚	辛	壬	癸	甲	乙
丑	寅	卯	辰	巳	午	未

010

丙	癸	乙	庚
辰	亥	酉	寅

⊙대운

癸	壬	辛	庚	己	戊	丁	丙
巳	辰	卯	寅	丑	子	亥	戌

011

癸	辛	甲	己
巳	未	戌	未

⊙대운

丁	戊	己	庚	辛	壬	癸
卯	辰	巳	午	未	申	酉

012

己	甲	庚	辛
巳	辰	子	亥

⊙대운

癸	甲	乙	丙	丁	戊	己
巳	午	未	申	酉	戌	亥

013

己	丙	癸	壬
亥	子	卯	子

⊙대운

庚	己	戊	丁	丙	乙	甲
戌	酉	申	未	午	巳	辰

014

癸	丙	庚	丙
巳	午	寅	午

⊙대운

丁	丙	乙	甲	癸	壬	辛
酉	申	未	午	巳	辰	卯

015

乙	甲	戊	庚
亥	戌	子	戌

⊙대운

乙	甲	癸	壬	辛	庚	己
未	午	巳	辰	卯	寅	丑

016

癸	癸	癸	丁
丑	亥	卯	未

⊙대운

丙	丁	戊	己	庚	辛	壬
申	酉	戌	亥	子	丑	寅

017

庚	戊	壬	己
申	子	申	未

⊙대운

乙	丙	丁	戊	己	庚	辛
丑	寅	卯	辰	巳	午	未

018

甲	癸	癸	丁
寅	卯	卯	亥

⊙대운

丙	丁	戊	己	庚	辛	壬
申	酉	戌	亥	子	丑	寅

019

丙	癸	丁	甲
辰	丑	卯	午

⊙대운

甲	癸	壬	辛	庚	己	戊
戌	酉	申	未	午	巳	辰

020

丙	甲	己	己
寅	寅	巳	未

⊙대운

壬	癸	甲	乙	丙	丁	戊
戌	亥	子	丑	寅	卯	辰

021

己	癸	辛	辛
未	酉	卯	卯

⊙대운

甲 乙 丙 丁 戊 己 庚
申 酉 戌 亥 子 丑 寅

022

戊	丙	壬	戊
戌	子	戌	戌

⊙대운

己 戊 丁 丙 乙 甲 癸
巳 辰 卯 寅 丑 子 亥

023

丁	辛	壬	丁
酉	巳	子	亥

⊙대운

乙 丙 丁 戊 己 庚 辛
巳 午 未 申 酉 戌 亥

024

乙	辛	乙	丁
未	巳	巳	酉

⊙대운

戊 己 庚 辛 壬 癸 甲
戌 亥 子 丑 寅 卯 辰

025

乙	甲	壬	庚
丑	午	午	子

⊙대운

己 戊 丁 丙 乙 甲 癸
丑 子 亥 戌 酉 申 未

026

辛	辛	甲	戊
卯	丑	寅	辰

⊙대운

辛 庚 己 戊 丁 丙 乙
酉 申 未 午 巳 辰 卯

027

己	丁	戊	甲
酉	卯	辰	戌

⊙대운

乙 甲 癸 壬 辛 庚 己
亥 戌 酉 申 未 午 巳

028

甲	己	甲	庚
子	丑	申	子

⊙대운

辛 庚 己 戊 丁 丙 乙
卯 寅 丑 子 亥 戌 酉

029

己	戊	壬	壬
未	申	寅	申

⊙대운

己 戊 丁 丙 乙 甲 癸
酉 申 未 午 巳 辰 卯

030

丙	庚	癸	丁
子	申	卯	卯

⊙대운

丙 丁 戊 己 庚 辛 壬
申 酉 戌 亥 子 丑 寅

031

辛	丁	甲	乙
丑	巳	申	未

⊙대운

丁 戊 己 庚 辛 壬 癸
丑 寅 卯 辰 巳 午 未

032

癸	戊	丙	壬
亥	寅	午	寅

⊙대운

癸 壬 辛 庚 己 戊 丁
丑 子 亥 戌 酉 申 未

033

辛	丙	辛	辛
卯	辰	卯	丑

⊙대운

甲	乙	丙	丁	戊	己	庚
申	酉	戌	亥	子	丑	寅

034

辛	乙	己	癸
巳	卯	未	酉

⊙대운

壬	癸	甲	乙	丙	丁	戊
子	丑	寅	卯	辰	巳	午

035

丁	乙	甲	戊
丑	丑	寅	戌

⊙대운

辛	庚	己	戊	丁	丙	乙
酉	申	未	午	巳	辰	卯

036

乙	癸	乙	壬
卯	丑	巳	寅

⊙대운

壬	辛	庚	己	戊	丁	丙
子	亥	戌	酉	申	未	午

037

癸	丁	丙	辛
卯	亥	申	卯

⊙대운

己	庚	辛	壬	癸	甲	乙
丑	寅	卯	辰	巳	午	未

038

乙	庚	丙	癸
酉	寅	辰	巳

⊙대운

己	庚	辛	壬	癸	甲	乙
酉	戌	亥	子	丑	寅	卯

039

癸	甲	庚	己
酉	辰	午	未

⊙대운

癸	甲	乙	丙	丁	戊	己
亥	子	丑	寅	卯	辰	巳

040

丁	庚	庚	癸
亥	子	申	丑

⊙대운

癸	甲	乙	丙	丁	戊	己
丑	寅	卯	辰	巳	午	未

041

壬	己	丁	壬
申	未	未	子

⊙대운

甲	癸	壬	辛	庚	己	戊
寅	丑	子	亥	戌	酉	申

042

辛	辛	乙	癸
卯	丑	卯	丑

⊙대운

戊	己	庚	辛	壬	癸	甲
申	酉	戌	亥	子	丑	寅

043

辛	辛	戊	辛
卯	巳	子	酉

⊙대운

辛	壬	癸	甲	乙	丙	丁
巳	午	未	申	酉	戌	亥

044

癸	丁	己	壬
卯	丑	酉	辰

⊙대운

丙	乙	甲	癸	壬	辛	庚
辰	卯	寅	丑	子	亥	戌

045

戊	庚	丁	甲
寅	寅	丑	申

⊙대운

甲	癸	壬	辛	庚	己	戊
申	未	午	巳	辰	卯	寅

046

甲	丙	癸	丁
午	子	丑	巳

⊙대운

丙	丁	戊	己	庚	辛	壬
午	未	申	酉	戌	亥	子

047

己	癸	丁	丙
未	未	酉	辰

⊙대운

甲	癸	壬	辛	庚	己	戊
辰	卯	寅	丑	子	亥	戌

048

丙	甲	甲	壬
寅	申	辰	寅

⊙대운

辛	庚	己	戊	丁	丙	乙
亥	戌	酉	申	未	午	巳

049

丁	乙	甲	己
丑	亥	戌	亥

⊙대운

丁	戊	己	庚	辛	壬	癸
卯	辰	巳	午	未	申	酉

050

壬	癸	甲	戊
子	丑	寅	申

⊙대운

辛	庚	己	戊	丁	丙	乙
酉	申	未	午	巳	辰	卯

051

戊	戊	丁	甲
午	子	丑	辰

⊙대운

庚 辛 壬 癸 甲 乙 丙
午 未 申 酉 戌 亥 子

052

壬	辛	庚	庚
辰	酉	辰	戌

⊙대운

癸 甲 乙 丙 丁 戊 己
酉 戌 亥 子 丑 寅 卯

053

丙	庚	壬	丁
戌	辰	子	亥

⊙대운

己 戊 丁 丙 乙 甲 癸
未 午 巳 辰 卯 寅 丑

054

癸	丙	壬	丁
巳	申	寅	巳

⊙대운

己 戊 丁 丙 乙 甲 癸
酉 申 未 午 巳 辰 卯

055

丙	辛	辛	辛
申	未	卯	卯

⊙대운

戊 丁 丙 乙 甲 癸 壬
戌 酉 申 未 午 巳 辰

056

戊	辛	癸	丙
戌	巳	巳	辰

⊙대운

丙 丁 戊 己 庚 辛 壬
戌 亥 子 丑 寅 卯 辰

057

庚	甲	丙	戊
午	寅	辰	戌

⊙ 대운

己	庚	辛	壬	癸	甲	乙
酉	戌	亥	子	丑	寅	卯

058

壬	癸	己	庚
戌	亥	丑	子

⊙ 대운

壬	癸	甲	乙	丙	丁	戊
午	未	申	酉	戌	亥	子

059

己	癸	壬	甲
未	卯	申	午

⊙ 대운

乙	丙	丁	戊	己	庚	辛
丑	寅	卯	辰	巳	午	未

060

乙	壬	己	壬
巳	申	酉	寅

⊙ 대운

壬	癸	甲	乙	丙	丁	戊
寅	卯	辰	巳	午	未	申

061

己	丙	丁	丁
丑	午	未	酉

⊙ 대운

甲	癸	壬	辛	庚	己	戊
寅	丑	子	亥	戌	酉	申

062

戊	己	乙	戊
辰	酉	卯	戌

⊙ 대운

戊	己	庚	辛	壬	癸	甲
申	酉	戌	亥	子	丑	寅

063

庚	癸	辛	戊
申	巳	酉	辰

⊙대운

甲	乙	丙	丁	戊	己	庚
寅	卯	辰	巳	午	未	申

064

壬	壬	己	甲
寅	申	巳	寅

⊙대운

壬	癸	甲	乙	丙	丁	戊
戌	亥	子	丑	寅	卯	辰

065

戊	辛	乙	甲
戌	酉	亥	寅

⊙대운

戊	己	庚	辛	壬	癸	甲
辰	巳	午	未	申	酉	戌

066

壬	乙	戊	庚
午	丑	子	午

⊙대운

辛	壬	癸	甲	乙	丙	丁
巳	午	未	申	酉	戌	亥

067

甲	乙	庚	庚
申	丑	辰	午

⊙대운

癸	甲	乙	丙	丁	戊	己
酉	戌	亥	子	丑	寅	卯

068

辛	庚	辛	癸
巳	申	酉	酉

⊙대운

戊	丁	丙	乙	甲	癸	壬
辰	卯	寅	丑	子	亥	戌

069

辛	庚	丙	癸
巳	申	辰	酉

⊙ 대운

癸	壬	辛	庚	己	戊	丁
亥	戌	酉	申	未	午	巳

070

辛	丙	辛	己
卯	戌	未	巳

⊙ 대운

戊	丁	丙	乙	甲	癸	壬
寅	丑	子	亥	戌	酉	申

071

壬	辛	戊	癸
辰	巳	午	酉

⊙ 대운

乙	甲	癸	壬	辛	庚	己
丑	子	亥	戌	酉	申	未

072

丁	癸	丙	庚
巳	亥	戌	午

⊙ 대운

己	庚	辛	壬	癸	甲	乙
卯	辰	巳	午	未	申	酉

073

丙	癸	癸	庚
辰	巳	未	午

⊙ 대운

丙	丁	戊	己	庚	辛	壬
子	丑	寅	卯	辰	巳	午

074

己	丁	甲	庚
酉	卯	申	午

⊙ 대운

丁	戊	己	庚	辛	壬	癸
丑	寅	卯	辰	巳	午	未

075

戊	庚	辛	丁
寅	申	亥	巳

⊙대운

戊	丁	丙	乙	甲	癸	壬
午	巳	辰	卯	寅	丑	子

076

丙	戊	丙	丙
辰	寅	申	戌

⊙대운

己	庚	辛	壬	癸	甲	乙
丑	寅	卯	辰	巳	午	未

077

己	丁	戊	乙
酉	卯	子	亥

⊙대운

乙	甲	癸	壬	辛	庚	己
未	午	巳	辰	卯	寅	丑

078

甲	甲	甲	甲
戌	戌	戌	戌

⊙대운

丁	戊	己	庚	辛	壬	癸
卯	辰	巳	午	未	申	酉

079

戊	己	甲	己
辰	未	戌	丑

⊙대운

辛	庚	己	戊	丁	丙	乙
巳	辰	卯	寅	丑	子	亥

080

丙	甲	甲	辛
寅	戌	午	亥

⊙대운

辛	庚	己	戊	丁	丙	乙
丑	子	亥	戌	酉	申	未

081

戊	戊	庚	乙
午	辰	辰	亥

⊙대운

丁	丙	乙	甲	癸	壬	辛
亥	戌	酉	申	未	午	巳

082

丙	庚	壬	壬
子	子	寅	午

⊙대운

乙	丙	丁	戊	己	庚	辛
未	申	酉	戌	亥	子	丑

083

癸	壬	己	庚
卯	辰	丑	辰

⊙대운

壬	癸	甲	乙	丙	丁	戊
午	未	申	酉	戌	亥	子

084

乙	乙	甲	丁
酉	酉	辰	丑

⊙대운

辛	庚	己	戊	丁	丙	乙
亥	戌	酉	申	未	午	巳

085

壬	辛	甲	丙
辰	巳	午	戌

⊙대운

丁	戊	己	庚	辛	壬	癸
亥	子	丑	寅	卯	辰	巳

086

壬	辛	丙	丁
辰	酉	午	未

⊙대운

癸	壬	辛	庚	己	戊	丁
丑	子	亥	戌	酉	申	未

087

丙	甲	癸	丙
寅	子	巳	午

⊙대운

丙 丁 戊 己 庚 辛 壬
戌 亥 子 丑 寅 卯 辰

088

乙	己	辛	癸
亥	卯	酉	酉

⊙대운

戊 丁 丙 乙 甲 癸 壬
辰 卯 寅 丑 子 亥 戌

089

丁	乙	乙	乙
丑	卯	酉	亥

⊙대운

壬 辛 庚 己 戊 丁 丙
辰 卯 寅 丑 子 亥 戌

090

戊	丙	甲	壬
戌	戌	辰	辰

⊙대운

丁 戊 己 庚 辛 壬 癸
酉 戌 亥 子 丑 寅 卯

091

辛	壬	戊	丙
丑	戌	戌	寅

⊙대운

辛 壬 癸 甲 乙 丙 丁
卯 辰 巳 午 未 申 酉

092

庚	丁	甲	戊
戌	未	子	戌

⊙대운

丁 戊 己 庚 辛 壬 癸
巳 午 未 申 酉 戌 亥

093

庚	丙	乙	甲
寅	戌	亥	申

⊙대운

戊	己	庚	辛	壬	癸	甲
辰	巳	午	未	申	酉	戌

094

丙	庚	辛	丙
戌	申	丑	辰

⊙대운

甲	乙	丙	丁	戊	己	庚
午	未	申	酉	戌	亥	子

095

丁	辛	甲	己
酉	丑	戌	未

⊙대운

辛	庚	己	戊	丁	丙	乙
巳	辰	卯	寅	丑	子	亥

096

癸	戊	丁	丁
丑	申	未	酉

⊙대운

甲	癸	壬	辛	庚	己	戊
寅	丑	子	亥	戌	酉	申

097

甲	庚	戊	辛
申	辰	戌	丑

⊙대운

乙	甲	癸	壬	辛	庚	己
巳	辰	卯	寅	丑	子	亥

098

辛	丁	戊	庚
亥	未	子	午

⊙대운

辛	壬	癸	甲	乙	丙	丁
巳	午	未	申	酉	戌	亥

099

甲	戊	癸	辛
寅	午	巳	丑

⊙ 대운

庚	己	戊	丁	丙	乙	甲
子	亥	戌	酉	申	未	午

100

戊	己	乙	戊
辰	酉	卯	戌

⊙ 대운

戊	己	庚	辛	壬	癸	甲
申	酉	戌	亥	子	丑	寅

06

지지 기준 12운성

12운성은 중요하다. 팔자는 천간과 지지로만 되어 있다.

12운성은 천간과 지지와의 관계이다.

같은 천간이라도 지지에 따라 그 모습이 달라진다.

즉, 지지가 달라지면 천간의 모습이 달라진다.

새로운 12운성 표

천간 / 지지	甲	乙	丙	丁	戊	己	庚	辛	壬	癸
寅	건록(建祿)	절(絕)	장생(長生)	병(病)	장생(長生)	병(病)	절(絕)	건록(建祿)	병(病)	장생(長生)
卯	제왕(帝旺)	태(胎)	목욕(沐浴)	사(死)	목욕(沐浴)	사(死)	태(胎)	제왕(帝旺)	사(死)	목욕(沐浴)
辰	쇠(衰)	양(養)	관대(冠帶)	묘(墓)	관대(冠帶)	묘(墓)	양(養)	쇠(衰)	묘(墓)	관대(冠帶)
巳	병(病)	장생(長生)	건록(建祿)	절(絕)	건록(建祿)	절(絕)	장생(長生)	병(病)	절(絕)	건록(建祿)
午	사(死)	목욕(沐浴)	제왕(帝旺)	태(胎)	제왕(帝旺)	태(胎)	목욕(沐浴)	사(死)	태(胎)	제왕(帝旺)
未	묘(墓)	관대(冠帶)	쇠(衰)	양(養)	쇠(衰)	양(養)	관대(冠帶)	묘(墓)	양(養)	쇠(衰)
申	절(絕)	건록(建祿)	병(病)	장생(長生)	병(病)	장생(長生)	건록(建祿)	절(絕)	장생(長生)	병(病)
酉	태(胎)	제왕(帝旺)	사(死)	목욕(沐浴)	사(死)	목욕(沐浴)	제왕(帝旺)	태(胎)	목욕(沐浴)	사(死)
戌	양(養)	쇠(衰)	묘(墓)	관대(冠帶)	묘(墓)	관대(冠帶)	쇠(衰)	양(養)	관대(冠帶)	묘(墓)
亥	장생(長生)	병(病)	절(絕)	건록(建祿)	절(絕)	건록(建祿)	병(病)	장생(長生)	건록(建祿)	절(絕)
子	목욕(沐浴)	사(死)	태(胎)	제왕(帝旺)	태(胎)	제왕(帝旺)	사(死)	목욕(沐浴)	제왕(帝旺)	태(胎)
丑	관대(冠帶)	묘(墓)	양(養)	쇠(衰)	양(養)	쇠(衰)	묘(墓)	관대(冠帶)	쇠(衰)	양(養)

지지를 기준으로 각 천간의 12운성을 써 보자.

월지	천간	12운성
寅	甲	
	乙	
	丙	
	丁	
	戊	
	己	
	庚	
	辛	
	壬	
	癸	

정답

甲 ◐ 건록(乾祿)
乙 ◐ 절(絶)
丙 ◐ 장생(長生)
丁 ◐ 병(病)
戊 ◐ 장생(長生)
己 ◐ 병(病)
庚 ◐ 절(絶)
辛 ◐ 건록(乾祿)
壬 ◐ 병(病)
癸 ◐ 장생(長生)

월지	천간	12운성
卯	甲	
	乙	
	丙	
	丁	
	戊	
	己	
	庚	
	辛	
	壬	
	癸	

정답

甲 ◐ 제왕(帝王)
乙 ◐ 태(胎)
丙 ◐ 목욕(沐浴)
丁 ◐ 사(死)
戊 ◐ 목욕(沐浴)
己 ◐ 사(死)
庚 ◐ 태(胎)
辛 ◐ 제왕(帝王)
壬 ◐ 사(死)
癸 ◐ 목욕(沐浴)

월지	천간	12운성
辰	甲	
	乙	
	丙	
	丁	
	戊	
	己	
	庚	
	辛	
	壬	
	癸	

정답	
甲	쇠(衰)
乙	양(養)
丙	관대(冠帶)
丁	묘(墓)
戊	관대(冠帶)
己	묘(墓)
庚	양(養)
辛	쇠(衰)
壬	묘(墓)
癸	관대(冠帶)

월지	천간	12운성
巳	甲	
	乙	
	丙	
	丁	
	戊	
	己	
	庚	
	辛	
	壬	
	癸	

정답	
甲	병(病)
乙	장생(長生)
丙	건록(建祿)
丁	절(絶)
戊	건록(建祿)
己	절(絶)
庚	장생(長生)
辛	병(病)
壬	절(絶)
癸	건록(建祿)

월지	천간	12운성
午	甲	
	乙	
	丙	
	丁	
	戊	
	己	
	庚	
	辛	
	壬	
	癸	

정답

甲 ⇨ 사(死)
乙 ⇨ 목욕(沐浴)
丙 ⇨ 제왕(帝王)
丁 ⇨ 태(胎)
戊 ⇨ 제왕(帝王)
己 ⇨ 태(胎)
庚 ⇨ 목욕(沐浴)
辛 ⇨ 사(死)
壬 ⇨ 태(胎)
癸 ⇨ 제왕(帝王)

월지	천간	12운성
未	甲	
	乙	
	丙	
	丁	
	戊	
	己	
	庚	
	辛	
	壬	
	癸	

정답

甲 ⇨ 묘(墓)
乙 ⇨ 관대(冠帶)
丙 ⇨ 쇠(衰)
丁 ⇨ 양(養)
戊 ⇨ 쇠(衰)
己 ⇨ 양(養)
庚 ⇨ 관대(冠帶)
辛 ⇨ 묘(墓)
壬 ⇨ 양(養)
癸 ⇨ 쇠(衰)

월지	천간	12운성
申	甲	
	乙	
	丙	
	丁	
	戊	
	己	
	庚	
	辛	
	壬	
	癸	

정답

- 甲 ◀ 절(絶)
- 乙 ◀ 건록(建祿)
- 丙 ◀ 병(病)
- 丁 ◀ 장생(長生)
- 戊 ◀ 병(病)
- 己 ◀ 장생(長生)
- 庚 ◀ 건록(建祿)
- 辛 ◀ 절(絶)
- 壬 ◀ 장생(長生)
- 癸 ◀ 병(病)

월지	천간	12운성
酉	甲	
	乙	
	丙	
	丁	
	戊	
	己	
	庚	
	辛	
	壬	
	癸	

정답

- 甲 ◀ 태(胎)
- 乙 ◀ 제왕(帝旺)
- 丙 ◀ 사(死)
- 丁 ◀ 목욕(沐浴)
- 戊 ◀ 사(死)
- 己 ◀ 목욕(沐浴)
- 庚 ◀ 제왕(帝旺)
- 辛 ◀ 태(胎)
- 壬 ◀ 목욕(沐浴)
- 癸 ◀ 사(死)

월지	천간	12운성
戌	甲	
	乙	
	丙	
	丁	
	戊	
	己	
	庚	
	辛	
	壬	
	癸	

정답

甲	양(養)
乙	쇠(衰)
丙	묘(墓)
丁	관대(冠帶)
戊	묘(墓)
己	관대(冠帶)
庚	쇠(衰)
辛	양(養)
壬	관대(冠帶)
癸	묘(墓)

월지	천간	12운성
亥	甲	
	乙	
	丙	
	丁	
	戊	
	己	
	庚	
	辛	
	壬	
	癸	

정답

甲	장생(長生)
乙	병(病)
丙	절(絶)
丁	건록(建祿)
戊	절(絶)
己	건록(建祿)
庚	병(病)
辛	장생(長生)
壬	건록(建祿)
癸	절(絶)

월지	천간	12운성
子	甲	
	乙	
	丙	
	丁	
	戊	
	己	
	庚	
	辛	
	壬	
	癸	

정답	
甲	목욕(沐浴)
乙	사(死)
丙	태(胎)
丁	제왕(帝王)
戊	태(胎)
己	제왕(帝王)
庚	사(死)
辛	목욕(沐浴)
壬	제왕(帝王)
癸	태(胎)

월지	천간	12운성
丑	甲	
	乙	
	丙	
	丁	
	戊	
	己	
	庚	
	辛	
	壬	
	癸	

정답	
甲	관대(冠帶)
乙	묘(墓)
丙	양(養)
丁	쇠(衰)
戊	양(養)
己	쇠(衰)
庚	묘(墓)
辛	관대(冠帶)
壬	쇠(衰)
癸	양(養)

07

천간 기준 12운성

다음 각 천간이 지지에서 어떤 12운성에 해당하는지 써 보자.

천간	지지	12운성
甲木	寅	
	卯	
	辰	
	巳	
	午	
	未	
	申	
	酉	
	戌	
	亥	
	子	
	丑	

정답

寅	건록(建祿)
卯	제왕(帝王)
辰	쇠(衰)
巳	병(病)
午	사(死)
未	묘(墓)
申	절(絶)
酉	태(胎)
戌	양(養)
亥	장생(長生)
子	목욕(沐浴)
丑	관대(冠帶)

천간	지지	12운성
乙木	寅	
	卯	
	辰	
	巳	
	午	
	未	
	申	
	酉	
	戌	
	亥	
	子	
	丑	

정답

寅 절(絶)
卯 태(胎)
辰 양(養)
巳 장생(長生)
午 목욕(沐浴)
未 관대(冠帶)
申 건록(建祿)
酉 제왕(帝旺)
戌 쇠(衰)
亥 병(病)
子 사(死)
丑 묘(墓)

천간	지지	12운성
丙火	寅	
	卯	
	辰	
	巳	
	午	
	未	
	申	
	酉	
	戌	
	亥	
	子	
	丑	

정답

寅 장생(長生)
卯 목욕(沐浴)
辰 관대(冠帶)
巳 건록(建祿)
午 제왕(帝旺)
未 쇠(衰)
申 병(病)
酉 사(死)
戌 묘(墓)
亥 절(絶)
子 태(胎)
丑 양(養)

천간	지지	12운성
丁火	寅	
	卯	
	辰	
	巳	
	午	
	未	
	申	
	酉	
	戌	
	亥	
	子	
	丑	

정답

- 寅 ◐ 병(病)
- 卯 ◐ 사(死)
- 辰 ◐ 묘(墓)
- 巳 ◐ 절(絶)
- 午 ◐ 태(胎)
- 未 ◐ 양(養)
- 申 ◐ 장생(長生)
- 酉 ◐ 목욕(沐浴)
- 戌 ◐ 관대(冠帶)
- 亥 ◐ 건록(建祿)
- 子 ◐ 제왕(帝王)
- 丑 ◐ 쇠(衰)

천간	지지	12운성
戊土	寅	
	卯	
	辰	
	巳	
	午	
	未	
	申	
	酉	
	戌	
	亥	
	子	
	丑	

정답

- 寅 ◐ 장생(長生)
- 卯 ◐ 목욕(沐浴)
- 辰 ◐ 관대(冠帶)
- 巳 ◐ 건록(建祿)
- 午 ◐ 제왕(帝王)
- 未 ◐ 쇠(衰)
- 申 ◐ 병(病)
- 酉 ◐ 사(死)
- 戌 ◐ 묘(墓)
- 亥 ◐ 절(絶)
- 子 ◐ 태(胎)
- 丑 ◐ 양(養)

천간	지지	12운성
己土	寅	
	卯	
	辰	
	巳	
	午	
	未	
	申	
	酉	
	戌	
	亥	
	子	
	丑	

정답

寅 ▶ 병(病)
卯 ▶ 사(死)
辰 ▶ 묘(墓)
巳 ▶ 절(絶)
午 ▶ 태(胎)
未 ▶ 양(養)
申 ▶ 장생(長生)
酉 ▶ 목욕(沐浴)
戌 ▶ 관대(冠帶)
亥 ▶ 건록(建祿)
子 ▶ 제왕(帝王)
丑 ▶ 쇠(衰)

천간	지지	12운성
庚金	寅	
	卯	
	辰	
	巳	
	午	
	未	
	申	
	酉	
	戌	
	亥	
	子	
	丑	

정답

寅 ▶ 절(絶)
卯 ▶ 태(胎)
辰 ▶ 양(養)
巳 ▶ 장생(長生)
午 ▶ 목욕(沐浴)
未 ▶ 관대(冠帶)
申 ▶ 건록(建祿)
酉 ▶ 제왕(帝王)
戌 ▶ 쇠(衰)
亥 ▶ 병(病)
子 ▶ 사(死)
丑 ▶ 묘(墓)

천간	지지	12운성
辛金	寅	
	卯	
	辰	
	巳	
	午	
	未	
	申	
	酉	
	戌	
	亥	
	子	
	丑	

정답

寅 ◐ 건록(建祿)
卯 ◐ 제왕(帝旺)
辰 ◐ 쇠(衰)
巳 ◐ 병(病)
午 ◐ 사(死)
未 ◐ 묘(墓)
申 ◐ 절(絶)
酉 ◐ 태(胎)
戌 ◐ 양(養)
亥 ◐ 장생(長生)
子 ◐ 목욕(沐浴)
丑 ◐ 관대(冠帶)

천간	지지	12운성
壬水	寅	
	卯	
	辰	
	巳	
	午	
	未	
	申	
	酉	
	戌	
	亥	
	子	
	丑	

정답

寅 ◐ 병(病)
卯 ◐ 사(死)
辰 ◐ 묘(墓)
巳 ◐ 절(絶)
午 ◐ 태(胎)
未 ◐ 양(養)
申 ◐ 장생(長生)
酉 ◐ 목욕(沐浴)
戌 ◐ 관대(冠帶)
亥 ◐ 건록(建祿)
子 ◐ 제왕(帝旺)
丑 ◐ 쇠(衰)

천간	지지	12운성
癸水	寅	
	卯	
	辰	
	巳	
	午	
	未	
	申	
	酉	
	戌	
	亥	
	子	
	丑	

정답

寅 ◀ 장생(長生)
卯 ◀ 목욕(沐浴)
辰 ◀ 관대(冠帶)
巳 ◀ 건록(建祿)
午 ◀ 제왕(帝王)
未 ◀ 쇠(衰)
申 ◀ 병(病)
酉 ◀ 사(死)
戌 ◀ 묘(墓)
亥 ◀ 절(絶)
子 ◀ 태(胎)
丑 ◀ 양(養)

08

일간의 속성과 12운성

양간〔甲丙戊庚壬〕은 안에서 밖으로 나가는 운동을 하고,

음간〔乙丁己辛癸〕은 밖에서 안으로 들어가는 운동을 한다.

甲木과 辛金은 확산 상승 운동을 한다.

庚金과 乙木은 응축 하강 운동을 한다.

丙火와 戊土와 癸水는 더 확산 더 상승 운동을 한다.

壬水와 丁火와 己土는 더 응축 더 하강 운동을 한다.

다음 팔자에서 일간의 속성과 12운성을 써 보자.

001

丙	丙	辛	壬
申	辰	亥	子

- **일간 丙火**
- 밖으로 나가면서 더 확산 더 상승
  _寅卯辰에서 생욕대
  _巳午未에서 록왕쇠
  _申酉戌에서 병사묘
  _亥子丑에서 절태양

002

壬	戊	癸	癸
子	戌	亥	亥

- **일간 戊土**
- 밖으로 나가면서 더 확산 더 상승
  _寅卯辰에서 생욕대
  _巳午未에서 록왕쇠
  _申酉戌에서 병사묘
  _亥子丑에서 절태양

003

丁	庚	甲	甲
丑	戌	戌	寅

- **일간 庚金**
- 밖으로 나가면서 응축 하강
  _寅卯辰에서 절태양
  _巳午未에서 생욕대
  _申酉戌에서 록왕쇠
  _亥子丑에서 병사묘

004

庚	丙	己	庚
寅	申	卯	戌

- **일간 丙火**
- 밖으로 나가면서 더 확산 더 상승
  _寅卯辰에서 생욕대
  _巳午未에서 록왕쇠
  _申酉戌에서 병사묘
  _亥子丑에서 절태양

005

己	甲	辛	庚
巳	子	巳	午

- **일간 甲木**
- 밖으로 나가면서 확산 상승
  _寅卯辰에서 록왕쇠
  _巳午未에서 병사묘
  _申酉戌에서 절태양
  _亥子丑에서 생욕대

006

癸	戊	乙	癸
亥	子	卯	亥

- **일간 戊土**
- 밖으로 나가면서 더 확산 더 상승
  _寅卯辰에서 생욕대
  _巳午未에서 록왕쇠
  _申酉戌에서 병사묘
  _亥子丑에서 절태양

007

甲	癸	丁	癸
寅	卯	巳	亥

● **일간** 癸水

● 안으로 들어가면서 더 확산 더 상승

_寅卯辰에서 생욕대

_巳午未에서 록왕쇠

_申酉戌에서 병사묘

_亥子丑에서 절태양

008

庚	庚	甲	戊
辰	寅	寅	午

● **일간** 庚金

● 밖으로 나가면서 응축 하강

_寅卯辰에서 절태양

_巳午未에서 생욕대

_申酉戌에서 록왕쇠

_亥子丑에서 병사묘

009

戊	辛	己	甲
戌	丑	巳	辰

● **일간** 辛金

● 안으로 들어가면서 확산 상승

_寅卯辰에서 록왕쇠

_巳午未에서 병사묘

_申酉戌에서 절태양

_亥子丑에서 생욕대

010

辛	戊	辛	戊
酉	寅	酉	申

● **일간** 戊土

● 밖으로 나가면서 더 확산 더 상승

_寅卯辰에서 생욕대

_巳午未에서 록왕쇠

_申酉戌에서 병사묘

_亥子丑에서 절태양

011

丁	壬	癸	丁
未	寅	卯	卯

● **일간** 壬水

● 밖으로 나가면서 더 응축 더 하강

_寅卯辰에서 병사묘

_巳午未에서 절태양

_申酉戌에서 생욕대

_亥子丑에서 록왕쇠

012

丙	壬	甲	辛
午	戌	午	亥

● **일간** 壬水

● 밖으로 나가면서 더 응축 더 하강

_寅卯辰에서 병사묘

_巳午未에서 절태양

_申酉戌에서 생욕대

_亥子丑에서 록왕쇠

013

甲	己	己	辛
戌	未	亥	丑

- **일간 己土**
- 안으로 들어가면서 더 응축 더 하강
  _寅卯辰에서 병사묘
  _巳午未에서 절태양
  _申酉戌에서 생욕대
  _亥子丑에서 록왕쇠

014

甲	己	癸	辛
戌	亥	巳	酉

- **일간 己土**
- 안으로 들어가면서 더 응축 더 하강
  _寅卯辰에서 병사묘
  _巳午未에서 절태양
  _申酉戌에서 생욕대
  _亥子丑에서 록왕쇠

015

庚	庚	庚	乙
辰	辰	辰	巳

- **일간 庚金**
- 밖으로 나가면서 응축 하강
  _寅卯辰에서 절태양
  _巳午未에서 생욕대
  _申酉戌에서 록왕쇠
  _亥子丑에서 병사묘

016

甲	己	癸	甲
戌	亥	酉	申

- **일간 己土**
- 안으로 들어가면서 더 응축 더 하강
  _寅卯辰에서 병사묘
  _巳午未에서 절태양
  _申酉戌에서 생욕대
  _亥子丑에서 록왕쇠

017

庚	辛	丁	甲
寅	卯	丑	子

- **일간 辛金**
- 안으로 들어가면서 확산 상승
  _寅卯辰에서 록왕쇠
  _巳午未에서 병사묘
  _申酉戌에서 절태양
  _亥子丑에서 생욕대

018

乙	甲	甲	戊
亥	申	寅	寅

- **일간 甲木**
- 밖으로 나가면서 확산 상승
  _寅卯辰에서 록왕쇠
  _巳午未에서 병사묘
  _申酉戌에서 절태양
  _亥子丑에서 생욕대

019

丙	甲	甲	癸
寅	寅	寅	未

● **일간** 甲木

● 밖으로 나가면서 확산 상승

_寅卯辰에서 록왕쇠

_巳午未에서 병사묘

_申酉戌에서 절태양

_亥子丑에서 생욕대

020

戊	甲	戊	庚
辰	子	子	申

● **일간** 甲木

● 밖으로 나가면서 확산 상승

_寅卯辰에서 록왕쇠

_巳午未에서 병사묘

_申酉戌에서 절태양

_亥子丑에서 생욕대

021

辛	戊	戊	壬
酉	戌	申	午

● **일간** 戊土

● 밖으로 나가면서 더 확산 더 상승

_寅卯辰에서 생욕대

_巳午未에서 록왕쇠

_申酉戌에서 병사묘

_亥子丑에서 절태양

022

丙	癸	壬	庚
辰	卯	午	申

● **일간** 癸水

● 안으로 들어가면서 더 확산 더 상승

_寅卯辰에서 생욕대

_巳午未에서 록왕쇠

_申酉戌에서 병사묘

_亥子丑에서 절태양

023

丁	乙	戊	戊
丑	未	午	辰

● **일간** 乙木

● 안으로 들어가면서 응축 하강

_寅卯辰에서 절태양

_巳午未에서 생욕대

_申酉戌에서 록왕쇠

_亥子丑에서 병사묘

024

丁	辛	辛	壬
酉	巳	亥	戌

● **일간** 辛金

● 안으로 들어가면서 확산 상승

_寅卯辰에서 록왕쇠

_巳午未에서 병사묘

_申酉戌에서 절태양

_亥子丑에서 생욕대

025

丁	丙	丙	丙
酉	戌	申	寅

- **일간** 丙火
- 밖으로 나가면서 더 확산 더 상승
  - _寅卯辰에서 생욕대
  - _巳午未에서 록왕쇠
  - _申酉戌에서 병사묘
  - _亥子丑에서 절태양

026

乙	乙	戊	庚
酉	巳	子	午

- **일간** 乙木
- 안으로 들어가면서 응축 하강
  - _寅卯辰에서 절태양
  - _巳午未에서 생욕대
  - _申酉戌에서 록왕쇠
  - _亥子丑에서 병사묘

027

丁	丙	庚	戊
酉	辰	申	申

- **일간** 丙火
- 밖으로 나가면서 더 확산 더 상승
  - _寅卯辰에서 생욕대
  - _巳午未에서 록왕쇠
  - _申酉戌에서 병사묘
  - _亥子丑에서 절태양

028

庚	丙	丙	壬
寅	午	午	午

- **일간** 丙火
- 밖으로 나가면서 더 확산 더 상승
  - _寅卯辰에서 생욕대
  - _巳午未에서 록왕쇠
  - _申酉戌에서 병사묘
  - _亥子丑에서 절태양

029

庚	甲	壬	庚
午	辰	午	午

- **일간** 甲木
- 밖으로 나가면서 확산 상승
  - _寅卯辰에서 록왕쇠
  - _巳午未에서 병사묘
  - _申酉戌에서 절태양
  - _亥子丑에서 생욕대

030

丙	丁	庚	戊
午	酉	申	寅

- **일간** 丁火
- 안으로 들어가면서 더 응축 더 하강
  - _寅卯辰에서 병사묘
  - _巳午未에서 절태양
  - _申酉戌에서 생욕대
  - _亥子丑에서 록왕쇠

031

甲	己	壬	甲
戌	巳	申	申

- **일간 己土**
- 안으로 들어가면서 더 응축 더 하강
  _寅卯辰에서 병사묘
  _巳午未에서 절태양
  _申酉戌에서 생욕대
  _亥子丑에서 록왕쇠

032

甲	壬	丙	庚
辰	戌	戌	申

- **일간 壬水**
- 밖으로 나가면서 더 응축 더 하강
  _寅卯辰에서 병사묘
  _巳午未에서 절태양
  _申酉戌에서 생욕대
  _亥子丑에서 록왕쇠

033

丙	癸	戊	甲
辰	亥	辰	寅

- **일간 癸水**
- 안으로 들어가면서 더 확산 더 상승
  _寅卯辰에서 생욕대
  _巳午未에서 록왕쇠
  _申酉戌에서 병사묘
  _亥子丑에서 절태양

034

戊	乙	辛	甲
寅	巳	未	子

- **일간 乙木**
- 안으로 들어가면서 응축 하강
  _寅卯辰에서 절태양
  _巳午未에서 생욕대
  _申酉戌에서 록왕쇠
  _亥子丑에서 병사묘

035

甲	辛	壬	甲
午	酉	申	戌

- **일간 辛金**
- 안으로 들어가면서 확산 상승
  _寅卯辰에서 록왕쇠
  _巳午未에서 병사묘
  _申酉戌에서 절태양
  _亥子丑에서 생욕대

036

壬	乙	丙	庚
午	巳	戌	辰

- **일간 乙木**
- 안으로 들어가면서 응축 하강
  _寅卯辰에서 절태양
  _巳午未에서 생욕대
  _申酉戌에서 록왕쇠
  _亥子丑에서 병사묘

037

壬	丙	辛	甲
辰	午	未	子

- **일간 丙火**
- 밖으로 나가면서 더 확산 더 상승
  _寅卯辰에서 생욕대
  _巳午未에서 록왕쇠
  _申酉戌에서 병사묘
  _亥子丑에서 절태양

038

丙	戊	壬	甲
辰	辰	申	寅

- **일간 戊土**
- 밖으로 나가면서 더 확산 더 상승
  _寅卯辰에서 생욕대
  _巳午未에서 록왕쇠
  _申酉戌에서 병사묘
  _亥子丑에서 절태양

039

己	甲	戊	丁
巳	戌	申	亥

- **일간 甲木**
- 밖으로 나가면서 확산 상승
  _寅卯辰에서 록왕쇠
  _巳午未에서 병사묘
  _申酉戌에서 절태양
  _亥子丑에서 생욕대

040

戊	戊	己	乙
午	午	丑	巳

- **일간 戊土**
- 밖으로 나가면서 더 확산 더 상승
  _寅卯辰에서 생욕대
  _巳午未에서 록왕쇠
  _申酉戌에서 병사묘
  _亥子丑에서 절태양

041

丙	戊	甲	戊
辰	子	子	子

- **일간 戊土**
- 밖으로 나가면서 더 확산 더 상승
  _寅卯辰에서 생욕대
  _巳午未에서 록왕쇠
  _申酉戌에서 병사묘
  _亥子丑에서 절태양

042

甲	丁	乙	丙
辰	巳	未	午

- **일간 丁火**
- 안으로 들어가면서 더 응축 더 하강
  _寅卯辰에서 병사묘
  _巳午未에서 절태양
  _申酉戌에서 생욕대
  _亥子丑에서 록왕쇠

043

壬	己	戊	丙
申	丑	戌	寅

● **일간 己土**

● 안으로 들어가면서 더 응축 더 하강

_寅卯辰에서 병사묘

_巳午未에서 절태양

_申酉戌에서 생욕대

_亥子丑에서 록왕쇠

044

己	丙	壬	丁
亥	戌	子	丑

● **일간 丙火**

● 밖으로 나가면서 더 확산 더 상승

_寅卯辰에서 생욕대

_巳午未에서 록왕쇠

_申酉戌에서 병사묘

_亥子丑에서 절태양

045

辛	丁	甲	辛
亥	巳	午	酉

● **일간 丁火**

● 안으로 들어가면서 더 응축 더 하강

_寅卯辰에서 병사묘

_巳午未에서 절태양

_申酉戌에서 생욕대

_亥子丑에서 록왕쇠

046

己	丙	壬	丁
丑	戌	寅	卯

● **일간 丙火**

● 밖으로 나가면서 더 확산 더 상승

_寅卯辰에서 생욕대

_巳午未에서 록왕쇠

_申酉戌에서 병사묘

_亥子丑에서 절태양

047

甲	甲	戊	丁
子	子	申	亥

● **일간 甲木**

● 밖으로 나가면서 확산 상승

_寅卯辰에서 록왕쇠

_巳午未에서 병사묘

_申酉戌에서 절태양

_亥子丑에서 생욕대

048

丙	辛	壬	丁
辛	亥	子	巳

● **일간 辛金**

● 안으로 들어가면서 확산 상승

_寅卯辰에서 록왕쇠

_巳午未에서 병사묘

_申酉戌에서 절태양

_亥子丑에서 생욕대

049

庚	庚	丁	辛
辰	午	酉	未

- **일간 庚金**
- 밖으로 나가면서 응축 하강
  _寅卯辰에서 절태양
  _巳午未에서 생욕대
  _申酉戌에서 록왕쇠
  _亥子丑에서 병사묘

050

辛	壬	丙	丙
亥	申	申	子

- **일간 壬水**
- 밖으로 나가면서 더 응축 더 하강
  _寅卯辰에서 병사묘
  _巳午未에서 절태양
  _申酉戌에서 생욕대
  _亥子丑에서 록왕쇠

051

辛	乙	壬	丁
巳	未	寅	卯

- **일간 乙木**
- 안으로 들어가면서 응축 하강
  _寅卯辰에서 절태양
  _巳午未에서 생욕대
  _申酉戌에서 록왕쇠
  _亥子丑에서 병사묘

052

丙	戊	乙	丁
辰	申	巳	丑

- **일간 戊土**
- 밖으로 나가면서 더 확산 더 상승
  _寅卯辰에서 생욕대
  _巳午未에서 록왕쇠
  _申酉戌에서 병사묘
  _亥子丑에서 절태양

053

己	丁	戊	己
酉	亥	辰	巳

- **일간 丁火**
- 안으로 들어가면서 더 응축 더 하강
  _寅卯辰에서 병사묘
  _巳午未에서 절태양
  _申酉戌에서 생욕대
  _亥子丑에서 록왕쇠

054

癸	戊	戊	乙
亥	午	子	亥

- **일간 戊土**
- 밖으로 나가면서 더 확산 더 상승
  _寅卯辰에서 생욕대
  _巳午未에서 록왕쇠
  _申酉戌에서 병사묘
  _亥子丑에서 절태양

055

壬	癸	戊	壬
子	未	申	子

- 일간 癸水
- 안으로 들어가면서 더 확산 더 상승
  _寅卯辰에서 생욕대
  _巳午未에서 록왕쇠
  _申酉戌에서 병사묘
  _亥子丑에서 절태양

056

甲	己	丙	己
子	巳	寅	未

- 일간 己土
- 안으로 들어가면서 더 응축 더 하강
  _寅卯辰에서 병사묘
  _巳午未에서 절태양
  _申酉戌에서 생욕대
  _亥子丑에서 록왕쇠

057

戊	癸	壬	庚
午	丑	午	午

- 일간 癸水
- 안으로 들어가면서 더 확산 더 상승
  _寅卯辰에서 생욕대
  _巳午未에서 록왕쇠
  _申酉戌에서 병사묘
  _亥子丑에서 절태양

058

己	乙	癸	癸
卯	未	亥	酉

- 일간 乙木
- 안으로 들어가면서 응축 하강
  _寅卯辰에서 절태양
  _巳午未에서 생욕대
  _申酉戌에서 록왕쇠
  _亥子丑에서 병사묘

059

甲	癸	丙	戊
寅	巳	辰	午

- 일간 癸水
- 안으로 들어가면서 더 확산 더 상승
  _寅卯辰에서 생욕대
  _巳午未에서 록왕쇠
  _申酉戌에서 병사묘
  _亥子丑에서 절태양

060

壬	壬	癸	辛
寅	寅	巳	未

- 일간 壬水
- 밖으로 나가면서 더 응축 더 하강
  _寅卯辰에서 병사묘
  _巳午未에서 절태양
  _申酉戌에서 생욕대
  _亥子丑에서 록왕쇠

061

辛	壬	丙	己
丑	子	戌	亥

- **일간** 壬水
- 밖으로 나가면서 더 응축 더 하강

 _寅卯辰에서 병사묘

 _巳午未에서 절태양

 _申酉戌에서 생욕대

 _亥子丑에서 록왕쇠

062

辛	甲	庚	庚
未	辰	辰	申

- **일간** 甲木
- 밖으로 나가면서 확산 상승

 _寅卯辰에서 록왕쇠

 _巳午未에서 병사묘

 _申酉戌에서 절태양

 _亥子丑에서 생욕대

063

庚	丁	壬	甲
戌	丑	申	子

- **일간** 丁火
- 안으로 들어가면서 더 응축 더 하강

 _寅卯辰에서 병사묘

 _巳午未에서 절태양

 _申酉戌에서 생욕대

 _亥子丑에서 록왕쇠

064

壬	癸	戊	丁
子	未	申	未

- **일간** 癸水
- 안으로 들어가면서 더 확산 더 상승

 _寅卯辰에서 생욕대

 _巳午未에서 록왕쇠

 _申酉戌에서 병사묘

 _亥子丑에서 절태양

065

甲	戊	癸	壬
寅	申	丑	子

- **일간** 戊土
- 밖으로 나가면서 더 확산 더 상승

 _寅卯辰에서 생욕대

 _巳午未에서 록왕쇠

 _申酉戌에서 병사묘

 _亥子丑에서 절태양

066

丁	辛	丁	丙
酉	未	酉	辰

- **일간** 辛金
- 안으로 들어가면서 확산 상승

 _寅卯辰에서 록왕쇠

 _巳午未에서 병사묘

 _申酉戌에서 절태양

 _亥子丑에서 생욕대

067

丁	辛	甲	戊
酉	卯	寅	午

- **일간** 辛金
- 안으로 들어가면서 확산 상승
  - _寅卯辰에서 록왕쇠
  - _巳午未에서 병사묘
  - _申酉戌에서 절태양
  - _亥子丑에서 생욕대

068

甲	戊	甲	戊
寅	申	子	午

- **일간** 戊土
- 밖으로 나가면서 더 확산 더 상승
  - _寅卯辰에서 생욕대
  - _巳午未에서 록왕쇠
  - _申酉戌에서 병사묘
  - _亥子丑에서 절태양

069

己	乙	己	癸
卯	卯	未	丑

- **일간** 乙木
- 안으로 들어가면서 응축 하강
  - _寅卯辰에서 절태양
  - _巳午未에서 생욕대
  - _申酉戌에서 록왕쇠
  - _亥子丑에서 병사묘

070

癸	丁	癸	甲
卯	亥	酉	戌

- **일간** 丁火
- 안으로 들어가면서 더 응축 더 하강
  - _寅卯辰에서 병사묘
  - _巳午未에서 절태양
  - _申酉戌에서 생욕대
  - _亥子丑에서 록왕쇠

071

庚	癸	乙	庚
申	巳	酉	申

- **일간** 癸水
- 안으로 들어가면서 더 확산 더 상승
  - _寅卯辰에서 생욕대
  - _巳午未에서 록왕쇠
  - _申酉戌에서 병사묘
  - _亥子丑에서 절태양

072

辛	壬	庚	丙
亥	申	寅	寅

- **일간** 壬水
- 밖으로 나가면서 더 응축 더 하강
  - _寅卯辰에서 병사묘
  - _巳午未에서 절태양
  - _申酉戌에서 생욕대
  - _亥子丑에서 록왕쇠

073

乙	甲	癸	壬
丑	寅	卯	子

- **일간** 甲木
- 밖으로 나가면서 확산 상승
  _寅卯辰에서 록왕쇠
  _巳午未에서 병사묘
  _申酉戌에서 절태양
  _亥子丑에서 생욕대

074

戊	戊	乙	丁
午	午	巳	未

- **일간** 戊土
- 밖으로 나가면서 더 확산 더 상승
  _寅卯辰에서 생욕대
  _巳午未에서 록왕쇠
  _申酉戌에서 병사묘
  _亥子丑에서 절태양

075

癸	戊	癸	壬
丑	申	丑	戌

- **일간** 戊土
- 밖으로 나가면서 더 확산 더 상승
  _寅卯辰에서 생욕대
  _巳午未에서 록왕쇠
  _申酉戌에서 병사묘
  _亥子丑에서 절태양

076

戊	乙	丙	甲
寅	卯	寅	子

- **일간** 乙木
- 안으로 들어가면서 응축 하강
  _寅卯辰에서 절태양
  _巳午未에서 생욕대
  _申酉戌에서 록왕쇠
  _亥子丑에서 병사묘

077

丁	甲	戊	丙
卯	戌	戌	寅

- **일간** 甲木
- 밖으로 나가면서 확산 상승
  _寅卯辰에서 록왕쇠
  _巳午未에서 병사묘
  _申酉戌에서 절태양
  _亥子丑에서 생욕대

078

庚	丙	乙	癸
寅	午	卯	亥

- **일간** 丙火
- 밖으로 나가면서 더 확산 더 상승
  _寅卯辰에서 생욕대
  _巳午未에서 록왕쇠
  _申酉戌에서 병사묘
  _亥子丑에서 절태양

079

戊	丙	丙	乙
戌	戌	戌	亥

- **일간** 丙火
- 밖으로 나가면서 더 확산 더 상승
  - _寅卯辰에서 생욕대
  - _巳午未에서 록왕쇠
  - _申酉戌에서 병사묘
  - _亥子丑에서 절태양

080

甲	丁	庚	庚
辰	未	辰	午

- **일간** 丁火
- 안으로 들어가면서 더 응축 더 하강
  - _寅卯辰에서 병사묘
  - _巳午未에서 절태양
  - _申酉戌에서 생욕대
  - _亥子丑에서 록왕쇠

081

己	壬	戊	庚
酉	子	子	申

- **일간** 壬水
- 밖으로 나가면서 더 응축 더 하강
  - _寅卯辰에서 병사묘
  - _巳午未에서 절태양
  - _申酉戌에서 생욕대
  - _亥子丑에서 록왕쇠

082

丙	丙	甲	戊
申	申	寅	寅

- **일간** 丙火
- 밖으로 나가면서 더 확산 더 상승
  - _寅卯辰에서 생욕대
  - _巳午未에서 록왕쇠
  - _申酉戌에서 병사묘
  - _亥子丑에서 절태양

083

丙	乙	乙	己
戌	亥	亥	未

- **일간** 乙木
- 안으로 들어가면서 응축 하강
  - _寅卯辰에서 절태양
  - _巳午未에서 생욕대
  - _申酉戌에서 록왕쇠
  - _亥子丑에서 병사묘

084

乙	甲	丙	丁
亥	戌	午	卯

- **일간** 甲木
- 밖으로 나가면서 확산 상승
  - _寅卯辰에서 록왕쇠
  - _巳午未에서 병사묘
  - _申酉戌에서 절태양
  - _亥子丑에서 생욕대

085

丙	甲	丙	甲
寅	子	寅	寅

- **일간 甲木**
- 밖으로 나가면서 확산 상승

  _寅卯辰에서 록왕쇠

  _巳午未에서 병사묘

  _申酉戌에서 절태양

  _亥子丑에서 생욕대

086

辛	辛	壬	丁
卯	丑	子	未

- **일간 辛金**
- 안으로 들어가면서 확산 상승

  _寅卯辰에서 록왕쇠

  _巳午未에서 병사묘

  _申酉戌에서 절태양

  _亥子丑에서 생욕대

087

辛	壬	癸	戊
亥	申	亥	午

- **일간 壬水**
- 밖으로 나가면서 더 응축 더 하강

  _寅卯辰에서 병사묘

  _巳午未에서 절태양

  _申酉戌에서 생욕대

  _亥子丑에서 록왕쇠

088

戊	丙	己	丙
子	寅	亥	寅

- **일간 丙火**
- 밖으로 나가면서 더 확산 더 상승

  _寅卯辰에서 생욕대

  _巳午未에서 록왕쇠

  _申酉戌에서 병사묘

  _亥子丑에서 절태양

089

戊	己	己	己
辰	巳	巳	巳

- **일간 己土**
- 안으로 들어가면서 더 응축 더 하강

  _寅卯辰에서 병사묘

  _巳午未에서 절태양

  _申酉戌에서 생욕대

  _亥子丑에서 록왕쇠

090

丙	戊	壬	癸
辰	午	戌	亥

- **일간 戊土**
- 밖으로 나가면서 더 확산 더 상승

  _寅卯辰에서 생욕대

  _巳午未에서 록왕쇠

  _申酉戌에서 병사묘

  _亥子丑에서 절태양

091

丁	癸	庚	戊
巳	卯	申	辰

● **일간** 癸水

● 안으로 들어가면서 더 확산 더 상승

_寅卯辰에서 생욕대

_巳午未에서 록왕쇠

_申酉戌에서 병사묘

_亥子丑에서 절태양

092

丙	庚	壬	丁
子	戌	子	未

● **일간** 庚金

● 밖으로 나가면서 응축 하강

_寅卯辰에서 절태양

_巳午未에서 생욕대

_申酉戌에서 록왕쇠

_亥子丑에서 병사묘

093

戊	戊	戊	庚
午	戌	寅	辰

● **일간** 戊土

● 밖으로 나가면서 더 확산 더 상승

_寅卯辰에서 생욕대

_巳午未에서 록왕쇠

_申酉戌에서 병사묘

_亥子丑에서 절태양

094

甲	己	庚	甲
戌	巳	午	戌

● **일간** 己土

● 안으로 들어가면서 더 응축 더 하강

_寅卯辰에서 병사묘

_巳午未에서 절태양

_申酉戌에서 생욕대

_亥子丑에서 록왕쇠

095

戊	乙	丙	甲
寅	巳	寅	申

● **일간** 乙木

● 안으로 들어가면서 응축 하강

_寅卯辰에서 절태양

_巳午未에서 생욕대

_申酉戌에서 록왕쇠

_亥子丑에서 병사묘

096

癸	丙	壬	庚
巳	申	午	申

● **일간** 丙火

● 밖으로 나가면서 더 확산 더 상승

_寅卯辰에서 생욕대

_巳午未에서 록왕쇠

_申酉戌에서 병사묘

_亥子丑에서 절태양

097

丁	丁	丁	己
未	巳	卯	卯

- **일간** 丁火
- 안으로 들어가면서 더 응축 더 하강
  _寅卯辰에서 병사묘
  _巳午未에서 절태양
  _申酉戌에서 생욕대
  _亥子丑에서 록왕쇠

098

壬	壬	己	乙
寅	戌	丑	卯

- **일간** 壬水
- 밖으로 나가면서 더 응축 더 하강
  _寅卯辰에서 병사묘
  _巳午未에서 절태양
  _申酉戌에서 생욕대
  _亥子丑에서 록왕쇠

099

庚	丁	甲	戊
子	亥	子	辰

- **일간** 丁火
- 안으로 들어가면서 더 응축 더 하강
  _寅卯辰에서 병사묘
  _巳午未에서 절태양
  _申酉戌에서 생욕대
  _亥子丑에서 록왕쇠

100

己	癸	戊	庚
未	卯	子	申

- **일간** 癸水
- 안으로 들어가면서 더 확산 더 상승
  _寅卯辰에서 생욕대
  _巳午未에서 록왕쇠
  _申酉戌에서 병사묘
  _亥子丑에서 절태양

09

동주(同柱)에서 12운성

다음 팔자에서 동주〔같은 기둥〕의 천간과 지지를 보고 12운성을 적어 보자. 12운성 용어가 두 글자인 것은 장생-생, 목욕-욕, 관대-대, 건록-록, 제왕-왕으로 단축해서 천간 위에 적으면 된다.

001

쇠	대	생	쇠
癸	乙	乙	丁
未	未	巳	丑

002

묘	사	태	사
乙	甲	壬	庚
丑	午	午	子

003

왕	대	록	대
辛	辛	甲	戊
卯	丑	寅	辰

004

욕	사	대	양
己	丁	戊	甲
酉	卯	辰	戌

005

욕	쇠	절	사
甲	己	甲	庚
子	丑	申	子

006

양	병	병	생
己	戊	壬	壬
未	申	寅	申

007

태	록	욕	사
丙	庚	癸	丁
子	申	卯	卯

008

대	절	절	대
辛	丁	甲	乙
丑	巳	申	未

009

절	생	왕	병
癸	戊	丙	壬
亥	寅	午	寅

010

왕	대	왕	대
辛	丙	辛	辛
卯	辰	卯	丑

011

병	태	양	사
辛	乙	己	癸
巳	卯	未	酉

012

쇠	묘	록	묘
丁	乙	甲	戊
丑	丑	寅	戌

013

태	양	생	병
乙	癸	乙	壬
卯	丑	巳	寅

014

욕	록	병	왕
癸	丁	丙	辛
卯	亥	申	卯

015

왕	절	대	록
乙	庚	丙	癸
酉	寅	辰	巳

016

사	쇠	욕	양
癸	甲	庚	己
酉	辰	午	未

017

록	사	록	양
丁	庚	庚	癸
亥	子	申	丑

018

생	양	양	왕
壬	己	丁	壬
申	未	未	子

019

왕	대	태	양
辛	辛	乙	癸
卯	丑	卯	丑

020

왕	병	태	태
辛	辛	戊	辛
卯	巳	子	酉

021

욕	쇠	욕	묘
癸	丁	己	壬
卯	丑	酉	辰

022

생	절	쇠	절
戊	庚	丁	甲
寅	寅	丑	申

023

사	태	양	절
甲	丙	癸	丁
午	子	丑	巳

024

양	쇠	욕	대
己	癸	丁	丙
未	未	酉	辰

025

생	절	쇠	병
丙	甲	甲	壬
寅	申	辰	寅

026

쇠	병	양	록
丁	乙	甲	己
丑	亥	戌	亥

027

왕	양	록	병
壬	癸	甲	戊
子	丑	寅	申

028

왕	태	쇠	쇠
戊	戊	丁	甲
午	子	丑	辰

029

묘	태	양	쇠
壬	辛	庚	庚
辰	酉	辰	戌

030

묘	양	왕	록
丙	庚	壬	丁
戌	辰	子	亥

031

록	병	병	절
癸	丙	壬	丁
巳	申	寅	巳

032

병	묘	왕	왕
丙	辛	辛	辛
申	未	卯	卯

033

묘	병	록	대
戊	辛	癸	丙
戌	巳	巳	辰

034

욕	록	대	묘
庚	甲	丙	戊
午	寅	辰	戌

035

대	절	쇠	사
壬	癸	己	庚
戌	亥	丑	子

036

양	욕	생	사
己	癸	壬	甲
未	卯	申	午

037

생	생	욕	병
乙	壬	己	壬
巳	申	酉	寅

038

쇠	왕	양	욕
己	丙	丁	丁
丑	午	未	酉

039

대	욕	태	묘
戊	己	乙	戊
辰	酉	卯	戌

040

록	록	태	대
庚	癸	辛	戊
申	巳	酉	辰

041

병	생	절	록
壬	壬	己	甲
寅	申	巳	寅

042

묘	태	병	록
戊	辛	乙	甲
戌	酉	亥	寅

043

태	묘	태	욕
壬	乙	戊	庚
午	丑	子	午

044

절	묘	양	욕
甲	乙	庚	庚
申	丑	辰	午

045

병	록	태	사
辛	庚	辛	癸
巳	申	酉	酉

046

병	록	대	사
辛	庚	丙	癸
巳	申	辰	酉

047

왕	묘	묘	절
辛	丙	辛	己
卯	戌	未	巳

048

묘	병	왕	사
壬	辛	戊	癸
辰	巳	午	酉

049

절	절	묘	욕
丁	癸	丙	庚
巳	亥	戌	午

050

대	록	쇠	욕
丙	癸	癸	庚
辰	巳	未	午

051

욕	사	절	욕
己	丁	甲	庚
酉	卯	申	午

052

생	록	생	절
戊	庚	辛	丁
寅	申	亥	巳

053

대	생	병	묘
丙	戊	丙	丙
辰	寅	申	戌

054

욕	사	태	병
己	丁	戊	乙
酉	卯	子	亥

055

양	양	양	양
甲	甲	甲	甲
戌	戌	戌	戌

056

대	양	양	쇠
戊	己	甲	己
辰	未	戌	丑

057

생	양	사	생
丙	甲	甲	辛
寅	戌	午	亥

058

왕	대	양	병
戊	戊	庚	乙
午	辰	辰	亥

059

욕	묘	쇠	양
癸	壬	己	庚
卯	辰	丑	辰

060

병	병	록	묘
壬	壬	癸	辛
寅	寅	巳	未

061

왕	왕	쇠	쇠
乙	乙	甲	丁
酉	酉	辰	丑

062

묘	병	사	묘
壬	辛	甲	丙
辰	巳	午	戌

063

묘	태	왕	양
壬	辛	丙	丁
辰	酉	午	未

064

생	욕	록	왕
丙	甲	癸	丙
寅	子	巳	午

065

병	사	태	사
乙	己	辛	癸
亥	卯	酉	酉

066

쇠	태	왕	병
丁	乙	乙	乙
丑	卯	酉	亥

067

묘	묘	쇠	묘
戊	丙	甲	壬
戌	戌	辰	辰

068

대	대	묘	생
辛	壬	戊	丙
丑	戌	戌	寅

069

쇠	양	욕	묘
庚	丁	甲	戊
戌	未	子	戌

070

절	묘	병	절
庚	丙	乙	甲
寅	戌	亥	申

071

양	절	절	욕
庚	庚	丁	癸
辰	寅	巳	卯

072

왕	생	사	태
辛	辛	甲	丙
卯	亥	午	子

073

왕	생	록	대
戊	戊	甲	戊
午	寅	寅	辰

074

록	왕	욕	태
庚	戊	己	壬
申	午	酉	午

075

태	묘	병	욕
戊	辛	乙	甲
子	未	亥	子

076

절	생	쇠	사
庚	丙	丁	己
寅	寅	丑	卯

077

생	사	왕	생
壬	甲	丙	壬
申	午	午	申

078

왕	태	욕	욕
壬	戊	己	丁
子	子	酉	酉

079

절	왕	욕	대
丁	戊	己	壬
巳	午	酉	戌

080

태	사	태	양
丙	庚	丙	己
子	子	子	未

081

묘	생	양	병
壬	丙	丁	壬
辰	寅	未	寅

082

양	록	생	욕
庚	庚	丙	己
辰	申	寅	酉

083

양	사	록	욕
庚	庚	庚	癸
辰	子	申	卯

084

생	묘	욕	절
丙	乙	甲	癸
寅	丑	子	亥

085

절	록	대	쇠
甲	庚	戊	甲
申	申	辰	辰

086

왕	욕	사	록
乙	庚	丁	甲
酉	午	卯	寅

087

절	사	사	대
甲	庚	己	乙
申	子	卯	未

088

대	태	생	사
丙	戊	辛	丁
辰	子	亥	卯

089

쇠	욕	욕	병
丁	庚	甲	戊
丑	午	子	申

090

록	묘	록	병
己	辛	己	丙
亥	未	亥	申

091

묘	록	생	욕
辛	己	壬	甲
未	亥	申	子

092

왕	병	태	욕
丙	壬	丙	己
午	寅	子	酉

093

묘	병	사	대
壬	丙	甲	辛
辰	申	午	丑

094

생	절	사	사
戊	庚	癸	甲
寅	寅	酉	午

095

록	병	욕	록
甲	戊	庚	甲
寅	申	午	寅

093

태	록	욕	묘
壬	庚	丁	丙
午	申	酉	戌

097

절	사	태	쇠
癸	癸	戊	庚
亥	酉	子	戌

098

병	절	왕	욕
壬	丁	丙	丁
寅	巳	午	酉

099

절	욕	태	욕
丁	癸	戊	庚
巳	卯	子	午

100

묘	양	태	욕
壬	癸	丙	甲
辰	丑	子	子

나이스사주명리

다시 쓰는 명리학

…응용편…

10

월지와 동주 지지에서 12운성

각 천간을 먼저 월지를 기준으로 12운성을 쓰고 그다음에 동주 지지에서 해당 천간의 12운성을 써 보자. 이 연습을 통해 같은 천간이라도 월지와 동주의 지지가 다르면 그릇의 크기가 달라짐을 금방 파악할 수 있다. 연월일시 순서로 적는다. 월간의 12운성은 월지와 동주의 지지가 같다.

001

乙	辛	乙	丁
未	巳	巳	酉

- **연간** 丁火 – 절 중 목욕
- **월간** 乙木 – 장생 중 장생
- **일간** 辛金 – 병 중 병
- **시간** 乙木 – 장생 중 관대

002

乙	甲	壬	庚
丑	午	午	子

- **연간** 庚金 – 목욕 중 사
- **월간** 壬水 – 태 중 태
- **일간** 甲木 – 사 중 사
- **시간** 乙木 – 목욕 중 묘

003

辛	辛	甲	戊
卯	丑	寅	辰

- **연간** 戊土 – 장생 중 관대
- **월간** 甲木 – 건록 중 건록
- **일간** 辛金 – 건록 중 관대
- **시간** 辛金 – 건록 중 제왕

004

己	丁	戊	甲
酉	卯	辰	戌

- **연간** 甲木 – 쇠 중 양
- **월간** 戊土 – 관대 중 관대
- **일간** 丁火 – 묘 중 사
- **시간** 己土 – 묘 중 목욕

005

甲	己	甲	庚
子	丑	申	子

- **연간** 庚金 – 건록 중 사
- **월간** 甲木 – 절 중 절
- **일간** 己土 – 장생 중 쇠
- **시간** 甲木 – 절 중 목욕

006

己	戊	壬	壬
未	申	寅	申

- **연간** 壬水 – 병 중 장생
- **월간** 壬水 – 병 중 병
- **일간** 戊土 – 장생 중 병
- **시간** 己土 – 병 중 양

007

丙	庚	癸	丁
子	申	卯	卯

- **연간** 丁火 – 사 중 사
- **월간** 癸水 – 목욕 중 목욕
- **일간** 庚金 – 태 중 건록
- **시간** 丙火 – 목욕 중 태

008

辛	丁	甲	乙
丑	巳	申	未

- **연간** 乙木 – 건록 중 관대
- **월간** 甲木 – 절 중 절
- **일간** 丁火 – 장생 중 절
- **시간** 辛金 – 절 중 관대

009

癸	戊	丙	壬
亥	寅	午	寅

- **연간** 壬水 – 태 중 병
- **월간** 丙火 – 제왕 중 제왕
- **일간** 戊土 – 제왕 중 장생
- **시간** 癸水 – 제왕 중 절

010

辛	丙	辛	辛
卯	辰	卯	丑

- **연간** 辛金 – 제왕 중 관대
- **월간** 辛金 – 제왕 중 제왕
- **일간** 丙火 – 목욕 중 관대
- **시간** 辛金 – 제왕 중 제왕

011

辛	乙	己	癸
巳	卯	未	酉

- **연간** 癸水 – 쇠 중 사
- **월간** 己土 – 양 중 양
- **일간** 乙木 – 관대 중 태
- **시간** 辛金 – 묘 중 병

012

丁	乙	甲	戊
丑	丑	寅	戌

- **연간** 戊土 – 장생 중 묘
- **월간** 甲木 – 건록 중 건록
- **일간** 乙木 – 절 중 묘
- **시간** 丁火 – 병 중 쇠

013

乙	癸	乙	壬
卯	丑	巳	寅

- **연간** 壬水 – 절 중 병
- **월간** 乙木 – 장생 중 장생
- **일간** 癸水 – 건록 중 양
- **시간** 乙木 – 장생 중 태

014

癸	丁	丙	辛
卯	亥	申	卯

- **연간** 辛金 – 절 중 제왕
- **월간** 丙火 – 병 중 병
- **일간** 丁火 – 장생 중 건록
- **시간** 癸水 – 병 중 목욕

015

乙	庚	丙	癸
酉	寅	辰	巳

- **연간** 癸水 – 관대 중 건록
- **월간** 丙火 – 관대 중 관대
- **일간** 庚金 – 양 중 절
- **시간** 乙木 – 양 중 제왕

016

癸	甲	庚	己
酉	辰	午	未

- **연간** 己土 – 태 중 양
- **월간** 庚金 – 목욕 중 목욕
- **일간** 甲木 – 사 중 쇠
- **시간** 癸水 – 제왕 중 사

017

丁	庚	庚	癸
亥	子	申	丑

- **연간** 癸水 – 병 중 양
- **월간** 庚金 – 건록 중 건록
- **일간** 庚金 – 건록 중 사
- **시간** 丁火 – 장생 중 건록

018

壬	己	丁	壬
申	未	未	子

- **연간** 壬水 – 양 중 제왕
- **월간** 丁火 – 양 중 양
- **일간** 己土 – 양 중 양
- **시간** 壬水 – 양 중 장생

019

辛	辛	乙	癸
卯	丑	卯	丑

- **연간** 癸水 – 목욕 중 양
- **월간** 乙木 – 태 중 태
- **일간** 辛金 – 제왕 중 관대
- **시간** 辛金 – 제왕 중 제왕

020

辛	辛	戊	辛
卯	巳	子	酉

- **연간** 辛金 – 목욕 중 태
- **월간** 戊土 – 태 중 태
- **일간** 辛金 – 목욕 중 병
- **시간** 辛金 – 목욕 중 제왕

021

癸	丁	己	壬
卯	丑	酉	辰

- **연간** 壬水 – 목욕 중 묘
- **월간** 己土 – 목욕 중 목욕
- **일간** 丁火 – 목욕 중 쇠
- **시간** 癸水 – 사 중 목욕

022

戊	庚	丁	甲
寅	寅	丑	申

- **연간** 甲木 – 관대 중 절
- **월간** 丁火 – 쇠 중 쇠
- **일간** 庚金 – 묘 중 절
- **시간** 戊土 – 양 중 장생

023

甲	丙	癸	丁
午	子	丑	巳

- **연간** 丁火 – 쇠 중 절
- **월간** 癸水 – 양 중 양
- **일간** 丙火 – 양 중 태
- **시간** 甲木 – 관대 중 사

024

己	癸	丁	丙
未	未	酉	辰

- **연간** 丙火 – 사 중 관대
- **월간** 丁火 – 목욕 중 목욕
- **일간** 癸水 – 사 중 쇠
- **시간** 己土 – 목욕 중 양

025

丙	甲	甲	壬
寅	申	辰	寅

- **연간** 壬水 – 묘 중 병
- **월간** 甲木 – 쇠 중 쇠
- **일간** 甲木 – 쇠 중 절
- **시간** 丙火 – 관대 중 장생

026

丁	乙	甲	己
丑	亥	戌	亥

- **연간** 己土 – 관대 중 건록
- **월간** 甲木 – 양 중 양
- **일간** 乙木 – 쇠 중 병
- **시간** 丁火 – 관대 중 쇠

027

壬	癸	甲	戊
子	丑	寅	申

- **연간** 戊土 – 장생 중 병
- **월간** 甲木 – 건록 중 건록
- **일간** 癸水 – 장생 중 양
- **시간** 壬水 – 병 중 제왕

028

戊	戊	丁	甲
午	子	丑	辰

- **연간** 甲木 – 관대 중 쇠
- **월간** 丁火 – 쇠 중 쇠
- **일간** 戊土 – 양 중 태
- **시간** 戊土 – 양 중 제왕

029

壬	辛	庚	庚
辰	酉	辰	戌

- **연간** 庚金 – 양 중 쇠
- **월간** 庚金 – 양 중 양
- **일간** 辛金 – 쇠 중 태
- **시간** 壬水 – 묘 중 묘

030

丙	庚	壬	丁
戌	辰	子	亥

- **연간** 丁火 – 제왕 중 건록
- **월간** 壬水 – 제왕 중 제왕
- **일간** 庚金 – 사 중 양
- **시간** 丙火 – 태 중 묘

031

癸	丙	壬	丁
巳	申	寅	巳

- **연간** 丁火 – 병 중 절
- **월간** 壬水 – 병 중 병
- **일간** 丙火 – 장생 중 병
- **시간** 癸水 – 장생 중 건록

032

丙	辛	辛	辛
申	未	卯	卯

- **연간** 辛金 – 제왕 중 제왕
- **월간** 辛金 – 제왕 중 제왕
- **일간** 辛金 – 제왕 중 묘
- **시간** 丙火 – 목욕 중 병

033

戊	辛	癸	丙
戌	巳	巳	辰

- **연간** 丙火 – 건록 중 관대
- **월간** 癸水 – 건록 중 건록
- **일간** 辛金 – 병 중 병
- **시간** 戊土 – 건록 중 묘

034

庚	甲	丙	戊
午	寅	辰	戌

- **연간** 戊土 – 관대 중 묘
- **월간** 丙火 – 관대 중 관대
- **일간** 甲木 – 쇠 중 건록
- **시간** 庚金 – 양 중 목욕

035

壬	癸	己	庚
戌	亥	丑	子

- **연간** 庚金 – 묘 중 사
- **월간** 己土 – 쇠 중 쇠
- **일간** 癸水 – 양 중 절
- **시간** 壬水 – 쇠 중 관대

036

己	癸	壬	甲
未	卯	申	午

- **연간** 甲木 – 절 중 사
- **월간** 壬水 – 장생 중 장생
- **일간** 癸水 – 병 중 목욕
- **시간** 己土 – 장생 중 양

037

乙	壬	己	壬
巳	申	酉	寅

- **연간** 壬水 – 목욕 중 병
- **월간** 己土 – 목욕 중 목욕
- **일간** 壬水 – 목욕 중 장생
- **시간** 乙木 – 제왕 중 장생

038

己	丙	丁	丁
丑	午	未	酉

- **연간** 丁火 – 양 중 목욕
- **월간** 丁火 – 양 중 양
- **일간** 丙火 – 쇠 중 제왕
- **시간** 己土 – 양 중 쇠

039

戊	己	乙	戊
辰	酉	卯	戌

- **연간** 戊土 – 목욕 중 묘
- **월간** 乙木 – 태 중 태
- **일간** 己土 – 사 중 목욕
- **시간** 戊土 – 목욕 중 관대

040

庚	癸	辛	戊
申	巳	酉	辰

- **연간** 戊土 – 사중 관대
- **월간** 辛金 – 태 중 태
- **일간** 癸水 – 사 중 건록
- **시간** 庚金 – 제왕 중 건록

041

壬	壬	己	甲
寅	申	巳	寅

- **연간** 甲木 – 병 중 건록
- **월간** 己土 – 절 중 절
- **일간** 壬水 – 절 중 장생
- **시간** 壬水 – 절 중 병

042

戊	辛	乙	甲
戌	酉	亥	寅

- **연간** 甲木 – 장생 중 건록
- **월간** 乙木 – 병 중 병
- **일간** 辛金 – 장생 중 태
- **시간** 戊土 – 절 중 묘

043

壬	乙	戊	庚
午	丑	子	午

- **연간** 庚金 – 사 중 목욕
- **월간** 戊土 – 태 중 태
- **일간** 乙木 – 사 중 묘
- **시간** 壬水 – 제왕 중 태

044

甲	乙	庚	庚
申	丑	辰	午

- **연간** 庚金 – 양 중 목욕
- **월간** 庚金 – 양 중 양
- **일간** 乙木 – 양 중 묘
- **시간** 甲木 – 쇠 중 절

045

辛	庚	辛	癸
巳	申	酉	酉

- **연간** 癸水 – 사 중 사
- **월간** 辛金 – 태 중 태
- **일간** 庚金 – 제왕 중 건록
- **시간** 辛金 – 태 중 병

046

辛	庚	丙	癸
巳	申	辰	酉

- **연간** 癸水 – 관대 중 사
- **월간** 丙火 – 관대 중 관대
- **일간** 庚金 – 양 중 건록
- **시간** 辛金 – 쇠 중 병

047

辛	丙	辛	己
卯	戌	未	巳

- **연간** 己土 – 양 중 절
- **월간** 辛金 – 묘 중 묘
- **일간** 丙火 – 쇠 중 묘
- **시간** 辛金 – 묘 중 제왕

048

壬	辛	戊	癸
辰	巳	午	酉

- **연간** 癸水 – 제왕 중 사
- **월간** 戊土 – 제왕 중 제왕
- **일간** 辛金 – 사 중 병
- **시간** 壬水 – 태 중 묘

049

丁	癸	丙	庚
巳	亥	戌	午

- **연간** 庚金 – 쇠 중 목욕
- **월간** 丙火 – 묘 중 묘
- **일간** 癸水 – 묘 중 절
- **시간** 丁火 – 관대 중 절

050

丙	癸	癸	庚
辰	巳	未	午

- **연간** 庚金 – 관대 중 목욕
- **월간** 癸水 – 쇠 중 쇠
- **일간** 癸水 – 쇠 중 건록
- **시간** 丙火 – 쇠 중 관대

051

己	丁	甲	庚
酉	卯	申	午

- **연간** 庚金 – 건록 중 목욕
- **월간** 甲木 – 절 중 절
- **일간** 丁火 – 장생 중 사
- **시간** 己土 – 장생 중 목욕

052

戊	庚	辛	丁
寅	申	亥	巳

- **연간** 丁火 – 건록 중 절
- **월간** 辛金 – 장생 중 장생
- **일간** 庚金 – 병 중 건록
- **시간** 戊土 – 절 중 장생

053

丙	戊	丙	丙
辰	寅	申	戌

- **연간** 丙火 – 병 중 묘
- **월간** 丙火 – 병 중 병
- **일간** 戊土 – 병 중 장생
- **시간** 丙火 – 병 중 관대

054

己	丁	戊	乙
酉	卯	子	亥

- **연간** 乙木 – 사 중 병
- **월간** 戊土 – 태 중 태
- **일간** 丁火 – 제왕 중 사
- **시간** 己土 – 제왕 중 목욕

055

甲	甲	甲	甲
戌	戌	戌	戌

- **연간** 甲木 – 양 중 양
- **월간** 甲木 – 양 중 양
- **일간** 甲木 – 양 중 양
- **시간** 甲木 – 양 중 양

056

戊	己	甲	己
辰	未	戌	丑

- **연간** 己土 – 관대 중 쇠
- **월간** 甲木 – 양 중 양
- **일간** 己土 – 관대 중 양
- **시간** 戊土 – 묘 중 관대

057

丙	甲	甲	辛
寅	戌	午	亥

- **연간** 辛金 – 사 중 장생
- **월간** 甲木 – 사 중 사
- **일간** 甲木 – 사 중 양
- **시간** 丙火 – 제왕 중 장생

058

戊	戊	庚	乙
午	辰	辰	亥

- **연간** 乙木 – 양 중 병
- **월간** 庚金 – 양 중 양
- **일간** 戊土 – 관대 중 관대
- **시간** 戊土 – 관대 중 제왕

059

癸	壬	己	庚
卯	辰	丑	辰

- **연간** 庚金 – 묘 중 양
- **월간** 己土 – 쇠 중 쇠
- **일간** 壬水 – 쇠 중 묘
- **시간** 癸水 – 양 중 목욕

060

壬	丁	丙	丁
寅	巳	午	酉

- **연간** 丁火 – 태 중 목욕
- **월간** 丙火 – 제왕 중 제왕
- **일간** 丁火 – 태 중 절
- **시간** 壬水 – 태 중 병

061

乙	乙	甲	丁
酉	酉	辰	丑

- **연간** 丁火 – 묘 중 쇠
- **월간** 甲木 – 쇠 중 쇠
- **일간** 乙木 – 양 중 제왕
- **시간** 乙木 – 양 중 제왕

062

壬	辛	甲	丙
辰	巳	午	戌

- **연간** 丙火 – 제왕 중 묘
- **월간** 甲木 – 사 중 사
- **일간** 辛金 – 사 중 병
- **시간** 壬水 – 태 중 묘

063

壬	辛	丙	丁
辰	酉	午	未

- **연간** 丁火 – 태 중 양
- **월간** 丙火 – 제왕 중 제왕
- **일간** 辛金 – 사 중 태
- **시간** 壬水 – 태 중 묘

064

丙	甲	癸	丙
寅	子	巳	午

- **연간** 丙火 – 건록 중 제왕
- **월간** 癸水 – 건록 중 건록
- **일간** 甲木 – 병 중 목욕
- **시간** 丙火 – 건록 중 장생

065

乙	己	辛	癸
亥	卯	酉	酉

- **연간** 癸水 – 사 중 사
- **월간** 辛金 – 태 중 태
- **일간** 己土 – 목욕 중 사
- **시간** 乙木 – 제왕 중 병

066

丁	乙	乙	乙
丑	卯	酉	亥

- **연간** 乙木 – 제왕 중 병
- **월간** 乙木 – 제왕 중 제왕
- **일간** 乙木 – 제왕 중 태
- **시간** 丁火 – 목욕 중 쇠

067

戊	丙	甲	壬
戌	戌	辰	辰

- **연간** 壬水 – 묘 중 묘
- **월간** 甲木 – 쇠 중 쇠
- **일간** 丙火 – 관대 중 묘
- **시간** 戊土 – 관대 중 묘

068

辛	壬	戊	丙
丑	戌	戌	寅

- **연간** 丙火 – 묘 중 장생
- **월간** 戊土 – 묘 중 묘
- **일간** 壬水 – 관대 중 관대
- **시간** 辛金 – 양 중 관대

069

庚	丁	甲	戊
戌	未	子	戌

- **연간** 戊土 – 태 중 묘
- **월간** 甲木 – 목욕 중 목욕
- **일간** 丁火 – 제왕 중 양
- **시간** 庚金 – 사 중 쇠

070

庚	丙	乙	甲
寅	戌	亥	申

- **연간** 甲木 – 장생 중 절
- **월간** 乙木 – 병 중 병
- **일간** 丙火 – 절 중 묘
- **시간** 庚金 – 병 중 절

071

庚	庚	丁	癸
辰	寅	巳	卯

- **연간** 癸水 – 건록 중 목욕
- **월간** 丁火 – 절 중 절
- **일간** 庚金 – 장생 중 절
- **시간** 庚金 – 장생 중 양

072

辛	辛	甲	丙
卯	亥	午	子

- **연간** 丙火 – 제왕 중 태
- **월간** 甲木 – 사 중 사
- **일간** 辛金 – 사 중 장생
- **시간** 辛金 – 사 중 제왕

073

戊	戊	甲	戊
午	寅	寅	辰

- **연간** 戊土 – 장생 중 관대
- **월간** 甲木 – 건록 중 건록
- **일간** 戊土 – 장생 중 장생
- **시간** 戊土 – 장생 중 제왕

074

庚	戊	己	壬
申	午	酉	午

- **연간** 壬水 – 목욕 중 태
- **월간** 己土 – 목욕 중 목욕
- **일간** 戊土 – 사 중 제왕
- **시간** 庚金 – 제왕 중 건록

075

戊	辛	乙	甲
子	未	亥	子

- **연간** 甲木 – 장생 중 목욕
- **월간** 乙木 – 병 중 병
- **일간** 辛金 – 장생 중 묘
- **시간** 戊土 – 절 중 태

076

庚	丙	丁	己
寅	寅	丑	卯

- **연간** 己土 – 쇠 중 사
- **월간** 丁火 – 쇠 중 쇠
- **일간** 丙火 – 양 중 장생
- **시간** 庚金 – 묘 중 절

077

壬	甲	丙	壬
申	午	午	申

- **연간** 壬水 – 태 중 장생
- **월간** 丙火 – 제왕 중 제왕
- **일간** 甲木 – 사 중 사
- **시간** 壬水 – 태 중 장생

078

壬	戊	己	丁
子	子	酉	酉

- **연간** 丁火 – 목욕 중 목욕
- **월간** 己土 – 목욕 중 목욕
- **일간** 戊土 – 사 중 태
- **시간** 壬水 – 목욕 중 제왕

079

丁	戊	己	壬
巳	午	酉	戌

- **연간** 壬水 – 목욕 중 관대
- **월간** 己土 – 목욕 중 목욕
- **일간** 戊土 – 사 중 제왕
- **시간** 丁火 – 목욕 중 절

080

丙	庚	丙	己
子	子	子	未

- **연간** 己土 – 제왕 중 양
- **월간** 丙火 – 태 중 태
- **일간** 庚金 – 사 중 사
- **시간** 丙火 – 태 중 태

081

壬	丙	丁	壬
辰	寅	未	寅

- **연간** 壬水 – 양 중 병
- **월간** 丁火 – 양 중 양
- **일간** 丙火 – 쇠 중 장생
- **시간** 壬水 – 양 중 묘

082

庚	庚	丙	己
辰	申	寅	酉

- **연간** 己土 – 병 중 목욕
- **월간** 丙火 – 장생 중 장생
- **일간** 庚金 – 절 중 건록
- **시간** 庚金 – 절 중 양

083

庚	庚	庚	癸
辰	子	申	卯

- **연간** 癸水 – 병 중 목욕
- **월간** 庚金 – 건록 중 건록
- **일간** 庚金 – 건록 중 사
- **시간** 庚金 – 건록 중 양

084

丙	乙	甲	癸
寅	丑	子	亥

- **연간** 癸水 – 태 중 절
- **월간** 甲木 – 목욕 중 목욕
- **일간** 乙木 – 사 중 묘
- **시간** 丙火 – 태 중 장생

085

甲	庚	戊	甲
申	申	辰	辰

- **연간** 甲木 – 쇠 중 쇠
- **월간** 戊土 – 관대 중 관대
- **일간** 庚金 – 양 중 건록
- **시간** 甲木 – 쇠 중 절

086

乙	庚	丁	甲
酉	午	卯	寅

- **연간** 甲木 – 제왕 중 건록
- **월간** 丁火 – 사 중 사
- **일간** 庚金 – 태 중 목욕
- **시간** 乙木 – 태 중 제왕

087

甲	庚	己	乙
申	子	卯	未

- 연간 乙木 - 태 중 관대
- 월간 己土 - 사 중 사
- 일간 庚金 - 태 중 사
- 시간 甲木 - 제왕 중 절

088

丙	戊	辛	丁
辰	子	亥	卯

- 연간 丁火 - 건록 중 사
- 월간 辛金 - 장생 중 장생
- 일간 戊土 - 절 중 태
- 시간 丙火 - 절 중 관대

089

丁	庚	甲	戊
丑	午	子	申

- 연간 戊土 - 태 중 병
- 월간 甲木 - 목욕 중 목욕
- 일간 庚金 - 사 중 목욕
- 시간 丁火 - 제왕 중 쇠

090

己	辛	己	丙
亥	未	亥	申

- 연간 丙火 - 절 중 병
- 월간 己土 - 건록 중 건록
- 일간 辛金 - 장생 중 묘
- 시간 己土 - 건록 중 건록

091

辛	己	壬	甲
未	亥	申	子

- 연간 甲木 - 절 중 목욕
- 월간 壬水 - 장생 중 장생
- 일간 己土 - 장생 중 건록
- 시간 辛金 - 절 중 묘

092

丙	壬	丙	己
午	寅	子	酉

- 연간 己土 - 제왕 중 목욕
- 월간 丙火 - 태 중 태
- 일간 壬水 - 제왕 중 병
- 시간 丙火 - 태 중 제왕

093

壬	丙	甲	辛
辰	申	午	丑

- **연간** 辛金 – 사 중 관대
- **월간** 甲木 – 사 중 사
- **일간** 丙火 – 제왕 중 병
- **시간** 壬水 – 태 중 묘

094

戊	庚	癸	甲
寅	寅	酉	午

- **연간** 甲木 – 태 중 사
- **월간** 癸水 – 사 중 사
- **일간** 庚金 – 제왕 중 절
- **시간** 戊土 – 사 중 장생

095

甲	戊	庚	甲
寅	申	午	寅

- **연간** 甲木 – 사 중 건록
- **월간** 庚金 – 목욕 중 목욕
- **일간** 戊土 – 제왕 중 병
- **시간** 甲木 – 사 중 건록

096

壬	庚	丁	丙
午	申	酉	戌

- **연간** 丙火 – 사 중 묘
- **월간** 丁火 – 목욕 중 목욕
- **일간** 庚金 – 제왕 중 건록
- **시간** 壬水 – 목욕 중 태

097

癸	癸	戊	庚
亥	酉	子	戌

- **연간** 庚金 – 사 중 쇠
- **월간** 戊土 – 태 중 태
- **일간** 癸水 – 태 중 사
- **시간** 癸水 – 태 중 절

098

壬	丁	丙	丁
寅	巳	午	酉

- **연간** 丁火 – 태 중 목욕
- **월간** 丙火 – 제왕 중 제왕
- **일간** 丁火 – 태 중 절
- **시간** 壬水 – 태 중 병

099			
丁	癸	戊	庚
巳	卯	子	午

- **연간** 庚金 – 사 중 목욕
- **월간** 戊土 – 태 중 태
- **일간** 癸水 – 태 중 목욕
- **시간** 丁火 – 제왕 중 절

100			
壬	癸	丙	甲
辰	丑	子	子

- **연간** 甲木 – 목욕 중 목욕
- **월간** 丙火 – 태 중 태
- **일간** 癸水 – 태 중 양
- **시간** 壬水 – 제왕 중 묘

11

월지 기준 12신살

12운성이 천간과 지지와의 관계를 다룬다면, 12신살은 지지와 지지, 즉 지지끼리의 관계를 다룬다. 천간이 관여하지 않으므로 의도하지 않는 일들을 살필 때 사용한다. 월지가 팔자의 본부이므로 월지가 무조건 장성살이 된다.

새로운 12신살 표

월＼지	子	丑	寅	卯	辰	巳	午	未	申	酉	戌	亥
子	장성	망신	월살	연살	지살	천살	재살	겁살	화개	육해	역마	반안
丑	반안	장성	망신	월살	연살	지살	천살	재살	겁살	화개	육해	역마
寅	역마	반안	장성	망신	월살	연살	지살	천살	재살	겁살	화개	육해
卯	육해	역마	반안	장성	망신	월살	연살	지살	천살	재살	겁살	화개
辰	화개	육해	역마	반안	장성	망신	월살	연살	지살	천살	재살	겁살
巳	겁살	화개	육해	역마	반안	장성	망신	월살	연살	지살	천살	재살
午	재살	겁살	화개	육해	역마	반안	장성	망신	월살	연살	지살	천살
未	천살	재살	겁살	화개	육해	역마	반안	장성	망신	월살	연살	지살
申	지살	천살	재살	겁살	화개	육해	역마	반안	장성	망신	월살	연살
酉	연살	지살	천살	재살	겁살	화개	육해	역마	반안	장성	망신	월살
戌	월살	연살	지살	천살	재살	겁살	화개	육해	역마	반안	장성	망신
亥	망신	월살	연살	지살	천살	재살	겁살	화개	육해	역마	반안	장성

_월지가 子라면…

지지	子	丑	寅	卯	辰	巳	午	未	申	酉	戌	亥
12신살	장성	망신	월살	연살	지살	천살	재살	겁살	화개	육해	역마	반안

○ ○ ○ ○
○ 午 子 ○

- 월지가 子이니 子가 장성살이고, 일지 午는 재살(災殺)이다.
- 재살은 수옥살이라고도 하는데 감옥에 갇혀 있는 모양으로 지내야 탈이 없다.
- 재살은 12운성 태(胎)와 같다.

_월지가 丑이라면…

지지	子	丑	寅	卯	辰	巳	午	未	申	酉	戌	亥
12신살	반안	장성	망신	월살	연살	지살	천살	재살	겁살	화개	육해	역마

○ ○ ○ ○
○ 申 丑 ○

- 월지가 丑이니 丑이 장성살이고, 일지 申은 겁살(劫殺)이다.
- 겁살은 수배 중인 사람과 같으니 정신적인 긴장감이 강하다. 보이지 않는 곳에서 정신적 활동이 좋다.
- 겁살은 12운성 절(絕)과 같다.

_월지가 寅이라면...

지지	子	丑	寅	卯	辰	巳	午	未	申	酉	戌	亥
12신살	역마	반안	장성	망신	월살	연살	지살	천살	재살	겁살	화개	육해

○	○	○	○
○	戌	寅	○

- 월지가 寅이니 寅이 장성살이고, 일지 戌은 화개살(華蓋殺)이다.
- 육체적인 활동보다는 정신적 활동이 좋다. 종교, 교육, 철학, 우주, 별 등 세속과 먼 일에 관심이 있다.
- 화개살은 12운성 묘(墓)와 같다.

_월지가 卯라면...

지지	子	丑	寅	卯	辰	巳	午	未	申	酉	戌	亥
12신살	육해	역마	반안	장성	망신	월살	연살	지살	천살	재살	겁살	화개

○	○	○	○
○	子	卯	○

- 월지가 卯이니 卯가 장성살이고, 일지 子는 육해살(六害殺)이다.
- 육해살 운에는 일을 점차 줄여가는 것이 좋다.
- 확장, 개업 등은 안 된다.
- 육해살은 12운성 사(死)와 같다.

_월지가 辰이라면...

지지	子	丑	寅	卯	辰	巳	午	未	申	酉	戌	亥
12신살	화개	육해	역마	반안	장성	망신	월살	연살	지살	천살	재살	겁살

○	○	○	○
○	寅	辰	○

- 월지가 辰이니 辰이 장성살이고, 일지 寅은 역마살(驛馬殺)이다.
- 역마살은 은퇴 후 새로운 삶을 위해 떠나는 시기이다. 과거는 잊고 새 출발을 해야 한다.
- 역마살은 12운성 병(病)에 해당한다.

_월지가 巳라면...

지지	子	丑	寅	卯	辰	巳	午	未	申	酉	戌	亥
12신살	겁살	화개	육해	역마	반안	장성	망신	월살	연살	지살	천살	재살

○	○	○	○
○	辰	巳	○

- 월지가 巳이니 巳가 장성살이고, 일지 辰은 반안살(攀鞍殺)이다.
- 반안살은 막 은퇴한 시기이다. 전성기는 지났다.
- 반안살은 12운성 쇠(衰)와 같다.

_월지가 午라면…

지지	子	丑	寅	卯	辰	巳	午	未	申	酉	戌	亥
12신살	재살	겁살	화개	육해	역마	반안	장성	망신	월살	연살	지살	천살

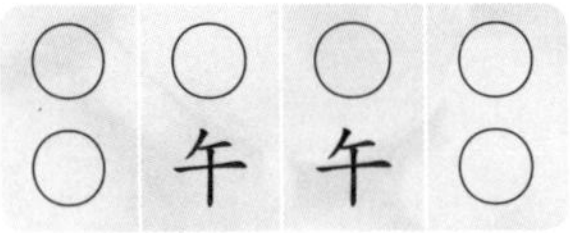

- 월지가 午이니 午가 장성살이고, 일지 午도 장성살(將星殺)이다.
- 장성살은 정상에 있는 시기이다. 일이 가장 많을 때이다. 내려올 준비를 해야 한다.
- 장성살은 12운성 제왕(帝旺)에 해당한다.

_월지가 未라면…

지지	子	丑	寅	卯	辰	巳	午	未	申	酉	戌	亥
12신살	천살	재살	겁살	화개	육해	역마	반안	장성	망신	월살	연살	지살

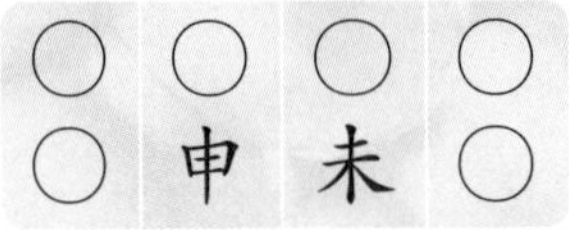

- 월지가 未이니 未가 장성살이고, 일지 申은 망신살(亡身殺)이다.
- 망신살 다음이 장성살이다. 정상에 오르는 일이 쉽지만은 않다. 일이 많을 시기이다.
- 망신살은 12운성 건록(建祿)에 해당한다.

_월지가 申이라면...

지지	子	丑	寅	卯	辰	巳	午	未	申	酉	戌	亥
12신살	지살	천살	재살	겁살	화개	육해	역마	반안	장성	망신	월살	연살

○	○	○	○
○	戌	申	○

- 월지가 申이니 申이 장성살이고, 일지 戌은 월살(月殺)이다.
- 월살은 새로운 일터를 찾아 취직을 하려는 사람과 같다. 새로운 환경에 적응하는 어려움이 있다. 고초살(枯草殺)이라고도 한다.
- 월살은 12운성 관대(冠帶)에 해당한다.

_월지가 酉라면...

지지	子	丑	寅	卯	辰	巳	午	未	申	酉	戌	亥
12신살	연살	지살	천살	재살	겁살	화개	육해	역마	반안	장성	망신	월살

○	○	○	○
○	子	酉	○

- 월지가 酉이니 酉가 장성살이고, 일지 子는 연살(年殺)이다.
- 연살은 독립하기 위해 부지런히 배우고 익히는 시기이다. 도화살(桃花殺)이라고도 한다.
- 연살은 12운성 목욕(沐浴)에 해당한다.

_월지가 戌이라면...

지지	子	丑	寅	卯	辰	巳	午	未	申	酉	戌	亥
12신살	월살	연살	지살	천살	재살	겁살	화개	육해	역마	반안	장성	망신

○	○	○	○
○	寅	戌	○

- 월지가 戌이니 戌이 장성살이고, 일지 寅은 지살(地殺)이다.
- 지살은 새로운 일을 위해 세상에 나오는 때이다. 아직은 어리다. 배우는 것이 좋다.
- 지살은 12운성 장생(長生)과 같다.

_월지가 亥라면...

지지	子	丑	寅	卯	辰	巳	午	未	申	酉	戌	亥
12신살	망신	월살	연살	지살	천살	재살	겁살	화개	육해	역마	반안	장성

○	○	○	○
○	辰	亥	○

- 월지가 亥이니 亥가 장성살이고, 일지 辰은 천살(天殺)이다.
- 천살은 아직 모든 것이 정해지지 않은 시기이다. 감옥에서 석방되어 막막하게 하늘만 쳐다보는 시기이다.
- 천살은 12운성 양(養)과 같다.

월지 기준으로 나머지 지지의 12신살을 써 보자. 월지가 무조건 장성살이다.

001

己	癸	戊	庚
未	卯	子	申

● 겁살-연살-장성살-화개살

002

乙	庚	丁	甲
酉	午	卯	寅

● 재살-연살-장성살-반안살

003

甲	庚	己	乙
申	子	卯	未

● 천살-육해살-장성살-지살

004

丁	己	丁	庚
卯	酉	亥	申

● 지살-역마살-장성살-육해살

005

丁	庚	甲	戊
丑	午	子	申

● 망신살-재살-장성살-화개살

006

己	辛	己	丙
亥	未	亥	申

● 장성살-화개살-장성살-육해살

007

辛	己	壬	甲
未	亥	申	子

● 반안살-연살-장성살-지살

008

丙	壬	丙	己
午	寅	子	酉

● 재살-월살-장성살-육해살

009

壬	丙	甲	辛
辰	申	午	丑

● 역마살-월살-장성살-겁살

010

戊	庚	癸	甲
寅	寅	酉	午

● 천살-천살-장성살-육해살

011

甲	戊	庚	甲
寅	申	午	寅

● 화개살-월살-장성살-화개살

012

壬	庚	丁	丙
午	申	酉	戌

● 육해살-반안살-장성살-망신살

013

癸	癸	戊	庚
亥	酉	子	戌

● 반안살-육해살-장성살-역마살

014

壬	丁	丙	丁
寅	巳	午	酉

● 화개살-반안살-장성살-연살

015

丁	癸	戊	庚
巳	卯	子	午

● 천살-연살-장성살-재살

016

壬	癸	丙	甲
辰	丑	子	子

● 지살-망신살-장성살-장성살

017

甲	癸	乙	戊
寅	巳	卯	戌

● 반안살-월살-장성살-겁살

018

甲	辛	己	丁
午	巳	酉	未

● 육해살-화개살-장성살-역마살

019

甲	甲	戊	辛
戌	午	戌	丑

● 장성살-화개살-장성살-연살

020

戊	丁	庚	丁
申	巳	戌	酉

● 역마살-겁살-장성살-반안살

021

己	癸	辛	辛
未	酉	卯	卯

● 지살-재살-장성살-장성살

022

丁	丁	癸	己
未	巳	酉	未

● 역마살-화개살-장성살-역마살

023

丙	癸	丙	乙
辰	酉	戌	卯

● 재살-반안살-장성살-천살

024

戊	辛	戊	丙
子	酉	戌	寅

● 월살-반안살-장성살-지살

025

戊	乙	壬	甲
寅	巳	申	申

● 재살-육해살-장성살-장성살

026

乙	戊	丁	壬
卯	申	未	戌

● 화개살-망신살-장성살-연살

027

庚	丁	丁	乙
戌	未	亥	卯

● 반안살-화개살-장성살-지살

028

辛	壬	辛	己
亥	寅	未	卯

● 지살-겁살-장성살-화개살

029

戊	甲	乙	庚
辰	子	酉	寅

● 겁살-연살-장성살-천살

030

丙	己	壬	丁
寅	巳	寅	丑

● 장성살-연살-장성살-반안살

031

乙	戊	壬	壬
卯	午	子	申

● 연살-재살-장성살-화개살

032

辛	庚	壬	壬
巳	辰	寅	寅

● 연살-월살-장성살-장성살

033

庚	丙	甲	乙
寅	申	申	未

● 재살-장성살-장성살-반안살

034

辛	庚	己	乙
巳	寅	卯	未

● 월살-반안살-장성살-지살

035

丙	戊	戊	庚
辰	子	子	戌

● 지살-장성살-장성살-역마살

036

辛	癸	乙	壬
酉	巳	巳	辰

● 지살–장성살–장성살–반안살

037

壬	辛	辛	甲
辰	酉	未	子

● 육해살–월살–장성살–천살

038

戊	甲	庚	乙
辰	午	辰	酉

● 장성살–월살–장성살–천살

039

甲	戊	戊	庚
寅	寅	子	辰

● 월살–월살–장성살–지살

040

乙	己	丁	乙
亥	巳	亥	丑

● 장성살–재살–장성살–월살

041

壬	癸	癸	丙
戌	未	巳	寅

● 천살–월살–장성살–육해살

042

壬	壬	癸	丙
寅	戌	巳	辰

● 육해살-천살-장성살-반안살

043

戊	辛	戊	丙
子	酉	戌	寅

● 월살-반안살-장성살-지살

044

癸	丙	戊	壬
巳	寅	申	寅

● 육해살-재살-장성살-재살

045

乙	癸	乙	庚
卯	未	酉	申

● 재살-역마살-장성살-반안살

046

甲	庚	壬	壬
申	辰	子	午

● 화개살-지살-장성살-재살

047

丁	癸	己	丁
巳	卯	酉	巳

● 화개살-재살-장성살-화개살

048

丙	丙	丙	甲
申	寅	子	子

● 화개살-월살-장성살-장성살

049

壬	戊	戊	庚
戌	申	寅	戌

● 화개살-재살-장성살-화개살

050

丙	辛	壬	丁
申	巳	寅	酉

● 재살-연살-장성살-겁살

051

壬	癸	戊	辛
戌	丑	戌	未

● 장성살-연살-장성살-육해살

052

癸	戊	甲	戊
亥	戌	子	午

● 반안살-역마살-장성살-재살

053

甲	戊	乙	戊
寅	戌	卯	寅

● 반안살-겁살-장성살-반안살

054

丁	壬	壬	庚
未	戌	午	申

● 망신살-지살-장성살-월살

055

辛	庚	甲	壬
巳	戌	辰	申

● 망신살-재살-장성살-지살

056

丁	庚	丙	丙
丑	辰	申	寅

● 천살-화개살-장성살-재살

057

庚	壬	壬	丁
戌	辰	寅	卯

● 화개살-월살-장성살-망신살

058

庚	庚	己	癸
辰	戌	未	亥

● 육해살-연살-장성살-지살

059

乙	癸	辛	壬
卯	巳	亥	戌

● 지살-재살-장성살-반안살

060

丙	戊	戊	甲
辰	子	辰	寅

● 장성살–화개살–장성살–역마살

061

己	丙	癸	甲
丑	申	酉	子

● 지살–반안살–장성살–연살

062

戊	壬	丙	丙
申	辰	申	辰

● 장성살–화개살–장성살–화개살

063

庚	癸	乙	戊
申	丑	卯	寅

● 천살–역마살–장성살–반안살

064

丙	甲	癸	己
寅	申	酉	巳

● 천살–반안살–장성살–화개살

065

戊	丙	癸	戊
子	子	亥	辰

● 망신살–망신살–장성살–천살

066

甲	己	丁	壬
子	卯	未	申

● 천살-화개살-장성살-망신살

067

甲	丁	乙	己
辰	亥	亥	酉

● 천살-장성살-장성살-역마살

068

庚	乙	庚	丙
辰	巳	子	辰

● 지살-천살-장성살-지살

069

乙	丁	丁	癸
巳	亥	巳	亥

● 장성살-재살-장성살-재살

070

壬	辛	戊	丙
辰	巳	戌	子

● 재살-겁살-장성살-월살

071

甲	甲	壬	己
戌	寅	申	巳

● 월살-재살-장성살-육해살

072

癸	甲	丁	庚
酉	寅	亥	申

● 역마살-연살-장성살-육해살

073

庚	丁	丙	壬
戌	巳	午	戌

● 지살-반안살-장성살-지살

074

己	丁	甲	辛
酉	巳	午	酉

● 연살-반안살-장성살-연살

075

己	辛	戊	丁
丑	亥	申	未

● 천살-연살-장성살-반안살

076

甲	辛	甲	丁
午	亥	辰	未

● 월살-겁살-장성살-연살

077

戊	己	甲	癸
辰	未	子	未

● 지살-겁살-장성살-겁살

078

乙	戊	丙	壬
卯	戌	午	申

● 육해살-지살-장성살-월살

079

乙	癸	壬	甲
卯	亥	申	子

● 겁살-연살-장성살-지살

080

癸	丁	癸	癸
卯	巳	亥	丑

● 지살-재살-장성살-월살

081

丙	丙	戊	辛
申	辰	戌	未

● 역마살-재살-장성살-육해살

082

戊	戊	癸	己
午	申	未	亥

● 반안살-망신살-장성살-지살

083

甲	己	乙	辛
戌	未	未	未

● 연살-장성살-장성살-장성살

084

丙	辛	庚	戊
申	巳	申	辰

● 장성살-육해살-장성살-화개살

085

甲	己	丁	壬
子	卯	未	申

● 천살-화개살-장성살-망신살

086

丁	甲	辛	乙
卯	寅	巳	卯

● 역마살-육해살-장성살-역마살

087

己	壬	辛	丁
酉	子	亥	卯

● 역마살-망신살-장성살-지살

088

甲	甲	戊	庚
戌	子	子	申

● 역마살-장성살-장성살-화개살

089

庚	己	己	己
午	巳	巳	巳

● 망신살-장성살-장성살-장성살

090

己	庚	辛	甲
卯	申	未	寅

● 화개살-망신살-장성살-겁살

091

庚	壬	癸	癸
戌	寅	亥	亥

● 반안살-연살-장성살-장성살

092

戊	戊	乙	壬
午	寅	巳	申

● 망신살-육해살-장성살-연살

093

辛	庚	丁	己
巳	辰	卯	巳

● 월살-망신살-장성살-월살

094

丙	丙	甲	乙
申	戌	申	亥

● 장성살-월살-장성살-연살

095

甲	癸	丁	癸
寅	卯	巳	亥

● 육해살-역마살-장성살-재살

096

丁	戊	壬	乙
巳	寅	午	卯

● 반안살-화개살-장성살-육해살

097

甲	癸	丁	癸
寅	巳	巳	亥

● 육해살-장성살-장성살-재살

098

甲	戊	戊	庚
寅	午	寅	申

● 장성살-지살-장성살-재살

099

己	庚	己	戊
卯	寅	未	戌

● 화개살-겁살-장성살-연살

100

戊	庚	乙	癸
寅	申	丑	丑

● 망신살-겁살-장성살-장성살

나이스사주명리

다시 쓰는 명리학

…응용편…

12
운의 지지 기준 12신살

운과 원국의 관계는 군신(君臣) 관계이다. 대운이 군(君)이고 원국은 신(臣)이다. 원국의 글자는 무조건 운에 복종해야 한다. 대운의 지지가 무조건 장성살이다. 대운의 지지를 기준으로 원국에 있는 지지 네 글자의 12신살을 시지-일지-월지-연지 순서로 적어 보자.

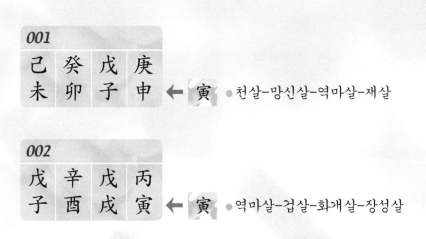

001

己	癸	戊	庚		
未	卯	子	申	← 寅	● 천살-망신살-역마살-재살

002

戊	辛	戊	丙		
子	酉	戌	寅	← 寅	● 역마살-겁살-화개살-장성살

003

壬	辛	戊	丙			
辰	未	戌	戌	←	寅	월살-천살-화개살-화개살

004

壬	丁	己	乙			
寅	酉	卯	亥	←	寅	장성살-겁살-망신살-육해살

005

己	丙	乙	戊			
亥	午	卯	戌	←	寅	육해살-지살-망신살-화개살

006

庚	癸	癸	己			
申	未	酉	巳	←	寅	재살-천살-겁살-연살

007

壬	壬	戊	壬			
寅	辰	申	寅	←	寅	장성살-월살-재살-장성살

008

庚	己	辛	乙			
午	巳	巳	丑	←	寅	지살-연살-연살-반안살

009

辛	壬	丙	辛		
亥	申	申	酉	← 寅	● 육해살-재살-재살-겁살

010

丙	癸	乙	庚		
辰	亥	酉	寅	← 寅	● 월살-육해살-겁살-장성살

011

癸	辛	甲	己		
巳	未	戌	未	← 寅	● 연살-천살-화개살-천살

012

乙	甲	庚	辛		
亥	辰	子	亥	← 寅	● 육해살-월살-역마살-육해살

013

己	丙	癸	壬		
亥	子	卯	子	← 寅	● 육해살-역마살-망신살-역마살

014

癸	丙	庚	丙		
巳	午	寅	午	← 寅	● 연살-지살-장성살-지살

015

乙	甲	戊	庚			
亥	戌	子	戌	←	寅	● 육해살－화개살－역마살－화개살

016

癸	癸	癸	丁			
丑	亥	卯	未	←	寅	● 반안살－육해살－망신살－천살

017

庚	戊	壬	己			
申	子	申	未	←	寅	● 재살－역마살－재살－천살

018

甲	癸	癸	丁			
寅	卯	卯	亥	←	寅	● 장성살－망신살－망신살－육해살

019

丙	癸	丁	甲			
辰	丑	卯	午	←	寅	● 월살－반안살－망신살－지살

020

丙	甲	己	己			
寅	寅	巳	未	←	寅	● 장성살－장성살－연살－천살

021

己 癸 辛 辛
未 酉 卯 卯 ← 寅 ●천살-겁살-망신살-망신살

022

戊 丙 壬 戊
戌 子 戌 戌 ← 寅 ●화개살-역마살-화개살-화개살

023

丁 辛 壬 丁
酉 巳 子 亥 ← 寅 ●겁살-연살-역마살-육해살

024

乙 辛 乙 丁
未 巳 巳 酉 ← 寅 ●천살-연살-연살-겁살

025

乙 甲 壬 庚
丑 午 午 子 ← 寅 ●반안살-지살-지살-역마살

026

辛 辛 甲 戊
卯 丑 寅 辰 ← 寅 ●망신살-반안살-장성살-월살

027

己	丁	戊	甲		
酉	卯	辰	戌	← 寅	• 겁살-망신살-월살-화개살

028

甲	己	甲	庚		
子	丑	申	子	← 寅	• 역마살-반안살-재살-역마살

029

己	戊	壬	壬		
未	申	寅	申	← 寅	• 천살-재살-장성살-재살

030

丙	庚	癸	丁		
子	申	卯	卯	← 寅	• 역마살-재살-망신살-망신살

031

辛	丁	甲	乙		
丑	巳	申	未	← 寅	• 반안살-연살-재살-천살

032

癸	丙	戊	癸		
巳	寅	午	亥	← 寅	• 연살-장성살-지살-육해살

033

辛	丙	辛	辛		
卯	辰	卯	丑	← 寅	망신살-월살-망신살-반안살

034

辛	乙	己	癸		
巳	卯	未	酉	← 寅	연살-망신살-천살-겁살

035

丁	乙	甲	戊		
丑	丑	寅	戌	← 寅	반안살-반안살-장성살-화개살

036

乙	癸	乙	壬		
卯	丑	巳	寅	← 寅	망신살-반안살-연살-장성살

037

癸	丁	丙	辛		
卯	亥	申	卯	← 寅	망신살-육해살-재살-망신살

038

乙	庚	丙	癸		
酉	寅	辰	巳	← 寅	겁살-장성살-월살-연살

039

癸	甲	庚	己			
酉	辰	午	未	←	寅	겁살-월살-지살-천살

040

丁	庚	庚	癸			
亥	子	申	丑	←	寅	육해살-역마살-재살-반안살

041

壬	己	丁	壬			
申	未	未	子	←	寅	재살-천살-천살-역마살

042

辛	辛	乙	癸			
卯	丑	卯	丑	←	寅	망신살-반안살-망신살-반안살

043

辛	辛	戊	辛			
卯	巳	子	酉	←	寅	망신살-연살-역마살-겁살

044

癸	丁	己	壬			
卯	丑	酉	辰	←	寅	망신살-반안살-겁살-월살

045

戊	庚	丁	甲			
寅	寅	丑	申	←	寅	장성살-장성살-반안살-재살

046

甲	丙	癸	丁			
午	子	丑	巳	←	寅	지살-역마살-반안살-연살

047

己	癸	丁	丙			
未	未	酉	辰	←	寅	천살-천살-겁살-월살

048

丙	甲	甲	壬			
寅	申	辰	寅	←	寅	장성살-재살-월살-장성살

049

丁	乙	甲	己			
丑	亥	戌	亥	←	寅	반안살-육해살-화개살-육해살

050

壬	癸	甲	戊			
子	丑	寅	申	←	寅	역마살-반안살-장성살-재살

051

戊	戊	丁	甲
午	子	丑	辰

← 寅 ●지살-역마살-반안살-월살

052

壬	辛	庚	庚
辰	酉	辰	戌

← 寅 ●월살-겁살-월살-화개살

053

丙	庚	壬	丁
戌	辰	子	亥

← 寅 ●화개살-월살-역마살-육해살

054

癸	丙	壬	丁
巳	申	寅	巳

← 寅 ●연살-재살-장성살-연살

055

丙	辛	辛	辛
申	未	卯	卯

← 寅 ●재살-천살-망신살-망신살

056

戊	辛	癸	丙
戌	巳	巳	辰

← 寅 ●화개살-연살-연살-월살

057

庚	甲	丙	戊			
午	寅	辰	戌	←	寅	●지살-장성살-월살-화개살

058

壬	癸	己	庚			
戌	亥	丑	子	←	寅	●화개살-육해살-반안살-역마살

059

己	癸	壬	甲			
未	卯	申	午	←	寅	●천살-망신살-재살-지살

060

乙	壬	己	壬			
巳	申	酉	寅	←	寅	●연살-재살-겁살-장성살

061

己	丙	丁	丁			
丑	午	未	酉	←	寅	●반안살-지살-천살-겁살

062

戊	己	乙	戊			
辰	酉	卯	戌	←	寅	●월살-겁살-망신살-화개살

063

庚	癸	辛	戊		
申	巳	酉	辰	← 寅	재살-연살-겁살-월살

064

壬	壬	己	甲		
寅	申	巳	寅	← 寅	장성살-재살-연살-장성살

065

戊	辛	乙	甲		
戌	酉	亥	寅	← 寅	화개살-겁살-육해살-장성살

066

壬	乙	戊	庚		
午	丑	子	午	← 寅	지살-반안살-역마살-지살

067

甲	乙	庚	庚		
申	丑	辰	午	← 寅	재살-반안살-월살-지살

068

辛	庚	辛	癸		
巳	申	酉	酉	← 寅	연살-재살-겁살-겁살

069

辛	庚	丙	癸			
巳	申	辰	酉	←	寅	연살-재살-월살-겁살

070

辛	丙	辛	己			
卯	戌	未	巳	←	寅	망신살-화개살-천살-연살

071

壬	辛	戊	癸			
辰	巳	午	酉	←	寅	월살-연살-지살-겁살

072

丁	癸	丙	庚			
巳	亥	戌	午	←	寅	연살-육해살-화개살-지살

073

丙	癸	癸	庚			
辰	巳	未	午	←	寅	월살-연살-천살-지살

074

己	丁	甲	庚			
酉	卯	申	午	←	寅	겁살-망신살-재살-지살

075

戊	庚	辛	丁		
寅	申	亥	巳	← 寅	●장성살-재살-육해살-연살

076

丙	戊	丙	丙		
辰	寅	申	戌	← 寅	●월살-장성살-재살-화개살

077

己	丁	戊	乙		
酉	卯	子	亥	← 寅	●겁살-망신살-역마살-육해살

078

甲	甲	甲	甲		
戌	戌	戌	戌	← 寅	●화개살-화개살-화개살-화개살

079

戊	己	甲	己		
辰	未	戌	丑	← 寅	●월살-천살-화개살-반안살

080

丙	甲	甲	辛		
寅	戌	午	亥	← 寅	●장성살-화개살-지살-육해살

081

戊	戊	庚	乙			
午	辰	辰	亥	←	寅	● 지살-월살-월살-육해살

082

丙	庚	壬	壬			
子	子	寅	午	←	寅	● 역마살-역마살-장성살-지살

083

癸	壬	己	庚			
卯	辰	丑	辰	←	寅	● 망신살-월살-반안살-월살

084

乙	乙	甲	丁			
酉	酉	辰	丑	←	寅	● 겁살-겁살-월살-반안살

085

壬	辛	甲	丙			
辰	巳	午	戌	←	寅	● 월살-연살-지살-화개살

086

壬	辛	丙	丁			
辰	酉	午	未	←	寅	● 월살-겁살-지살-천살

087

丙	甲	癸	丙
寅	子	巳	午

← 寅 ●장성살-역마살-연살-지살

088

乙	己	辛	癸
亥	卯	酉	酉

← 寅 ●육해살-망신살-겁살-겁살

089

丁	乙	乙	乙
丑	卯	酉	亥

← 寅 ●반안살-망신살-겁살-육해살

090

戊	丙	甲	壬
戌	戌	辰	辰

← 寅 ●화개살-화개살-월살-월살

091

辛	壬	戊	丙
丑	戌	戌	寅

← 寅 ●반안살-화개살-화개살-장성살

092

庚	丁	甲	戊
戌	未	子	戌

← 寅 ●화개살-천살-역마살-화개살

093

庚	丙	乙	甲			
寅	戌	亥	申	←	寅	● 장성살–화개살–육해살–재살

094

丙	庚	辛	丙			
戌	申	丑	辰	←	寅	● 화개살–재살–반안살–월살

095

丁	辛	甲	己			
酉	丑	戌	未	←	寅	● 겁살–반안살–화개살–천살

096

癸	戊	丁	丁			
丑	申	未	酉	←	寅	● 반안살–재살–천살–겁살

097

甲	庚	戊	辛			
申	辰	戌	丑	←	寅	● 재살–월살–화개살–반안살

098

辛	丁	戊	庚			
亥	未	子	午	←	寅	● 육해살–천살–역마살–지살

099

甲	戊	癸	辛		
寅	午	巳	丑	← 寅	●장성살-지살-연살-반안살

100

戊	己	乙	戊		
辰	酉	卯	戌	← 寅	●월살-겁살-망신살-화개살

13

원국의 격(格)

월지에서 록왕쇠에 해당하는 천간을 격(格)으로 잡는다.

제왕-건록-쇠의 순서로 강하다.

월지에서 록왕쇠에 해당하는 글자가 천간에 없으면 격이 낮다.

지지	건록	제왕	쇠
寅	甲木 辛金		
卯		甲木 辛金	
辰			甲木 辛金
巳	丙火 戊土 癸水		
午		丙火 戊土 癸水	
未			丙火 戊土 癸水
申	庚金 乙木		
酉		庚金 乙木	
戌			庚金 乙木
亥	壬水 丁火 己土		
子		壬水 丁火 己土	
丑			壬水 丁火 己土

_甲木갑목

01

○	甲	○	○
○	○	子	○

- 子월에 제왕에 이르는 천간은 壬水, 丁火, 己土이다.
- 일간 기준 壬水는 편인이다.
- 일간 기준 丁火는 상관이다.
- 일간 기준 己土는 정재이다.
- 壬水, 丁火, 己土 중에서 천간에 있는 글자를 격(格)으로 잡는다.

02

○	甲	○	○
○	○	丑	○

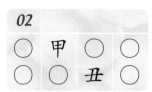

- 丑월에 쇠에 이르는 천간은 壬水, 丁火, 己土이다.
- 일간 기준 壬水는 편인이다.
- 일간 기준 丁火는 상관이다.
- 일간 기준 己土는 정재이다.
- 壬水, 丁火, 己土 중에서 천간에 있는 글자를 격(格)으로 잡는다.

03

○	甲	○	○
○	○	寅	○

- 寅월에 건록에 이르는 천간은 甲木과 辛金이다.
- 일간 기준 甲木은 비견이다.
- 일간 기준 辛金은 정관이다.
- 甲木과 辛金 중에서 천간에 있는 글자를 격(格)으로 잡는다.

04

○	甲	○	○
○	○	卯	○

- 卯월에 제왕에 이르는 천간은 甲木과 辛金이다.
- 일간 기준 甲木은 비견이다.
- 일간 기준 辛金은 정관이다.
- 甲木과 辛金 중에서 천간에 있는 글자를 격(格)으로 잡는다.

05

○	甲	○	○
○	○	辰	○

- 辰월에 쇠에 이르는 천간은 甲木과 辛金이다.
- 일간 기준 甲木은 비견이다.

- 일간 기준 辛金은 정관이다.
- 甲木과 辛金 중에서 천간에 있는 글자를 격(格)으로 잡는다.

06

○	甲	○	○
○	○	巳	○

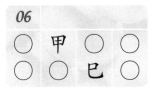

- 巳월에 건록에 이르는 천간은 丙火, 戊土, 癸水이다.
- 일간 기준 丙火는 식신이다.
- 일간 기준 戊土는 편재이다.
- 일간 기준 癸水는 정인이다.
- 丙火, 戊土, 癸水 중에서 천간에 있는 글자를 격(格)으로 잡는다.

07

○	甲	○	○
○	○	午	○

- 午월에 제왕에 이르는 천간은 丙火, 戊土, 癸水이다.
- 일간 기준 丙火는 식신이다.
- 일간 기준 戊土는 편재이다.
- 일간 기준 癸水는 정인이다.
- 丙火, 戊土, 癸水 중에서 천간에 있는 글자를 격(格)으로 잡는다.

08

○	甲	○	○
○	○	未	○

- 未월에 쇠에 이르는 천간은 丙火, 戊土, 癸水이다.
- 일간 기준 丙火는 식신이다.
- 일간 기준 戊土는 편재이다.
- 일간 기준 癸水는 정인이다.
- 丙火, 戊土, 癸水 중에서 천간에 있는 글자를 격(格)으로 잡는다.

09

○	甲	○	○
○	○	申	○

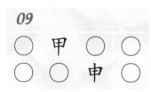

- 申월에 건록에 이르는 천간은 庚金과 乙木이다.
- 일간 기준 庚金은 편관이다.
- 일간 기준 乙木은 겁재이다.
- 庚金과 乙木 중에서 천간에 있는 글자를 격(格)으로 잡는다.

10

○	甲	○	○
○	○	酉	○

- 酉월에 제왕에 이르는 천간은 庚金과 乙木이다.

- 일간 기준 庚金은 편관이다.
- 일간 기준 乙木은 겁재이다.
- 庚金과 乙木 중에서 천간에 있는 글자를 격(格)으로 잡는다.

11

○	甲	○	○
○	○	戌	○

- 戌월에 쇠에 이르는 천간은 庚金과 乙木이다.
- 일간 기준 庚金은 편관이다.
- 일간 기준 乙木은 겁재이다.
- 庚金과 乙木 중에서 천간에 있는 글자를 격(格)으로 잡는다.

11

○	甲	○	○
○	○	亥	○

- 亥월에 건록에 이르는 천간은 壬水, 丁火, 己土이다.
- 일간 기준 壬水는 편인이다.
- 일간 기준 丁火는 상관이다.
- 일간 기준 己土는 정재이다.
- 壬水, 丁火, 己土 중에서 천간에 있는 글자를 격(格)으로 잡는다.

乙木 을목

01

○	乙	○	○
○	○	子	○

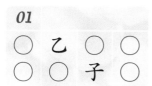

- 子월에 제왕에 이르는 천간은 壬水, 丁火, 己土이다.
- 일간 기준 壬水는 정인이다.
- 일간 기준 丁火는 식신이다.
- 일간 기준 己土는 편재이다.
- 壬水, 丁火, 己土 중에서 천간에 있는 글자를 격(格)으로 잡는다.

02

○	乙	○	○
○	○	丑	○

- 丑월에 쇠에 이르는 천간은 壬水, 丁火, 己土이다.
- 일간 기준 壬水는 정인이다.
- 일간 기준 丁火는 식신이다.
- 일간 기준 己土는 편재이다.
- 壬水, 丁火, 己土 중에서 천간에 있는 글자를 격(格)으로 잡는다.

03			
○	乙	○	○
○	○	寅	○

- 寅월에 건록에 이르는 천간은 甲木과 辛金이다.
- 일간 기준 甲木은 겁재이다.
- 일간 기준 辛金은 편관이다.
- 甲木과 辛金 중에서 천간에 있는 글자를 격(格)으로 잡는다.

04			
○	乙	○	○
○	○	卯	○

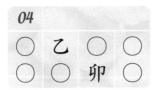

- 卯월에 제왕에 이르는 천간은 甲木과 辛金이다.
- 일간 기준 甲木은 겁재이다.
- 일간 기준 辛金은 편관이다.
- 甲木과 辛金 중에서 천간에 있는 글자를 격(格)으로 잡는다.

05			
○	乙	○	○
○	○	辰	○

- 辰월에 쇠에 이르는 천간은 甲木과 辛金이다.
- 일간 기준 甲木은 겁재이다.

● 일간 기준 辛金은 편관이다.

● 甲木과 辛金 중에서 천간에 있는 글자를 격(格)으로 잡는다.

06

○	乙	○	○
○	○	巳	○

● 巳월에 건록에 이르는 천간은 丙火, 戊土, 癸水이다.

● 일간 기준 丙火는 상관이다.

● 일간 기준 戊土는 정재이다.

● 일간 기준 癸水는 편인이다.

● 丙火, 戊土, 癸水 중에서 천간에 있는 글자를 격(格)으로 잡는다.

07

○	乙	○	○
○	○	午	○

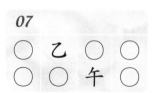

● 午월에 제왕에 이르는 천간은 丙火, 戊土, 癸水이다.

● 일간 기준 丙火는 상관이다.

● 일간 기준 戊土는 정재이다.

● 일간 기준 癸水는 편인이다.

● 丙火, 戊土, 癸水 중에서 천간에 있는 글자를 격(格)으로 잡는다.

08

○	乙	○	○
○	○	未	○

- 未월에 쇠에 이르는 천간은 丙火, 戊土, 癸水이다.
- 일간 기준 丙火는 상관이다.
- 일간 기준 戊土는 정재이다.
- 일간 기준 癸水는 편인이다.
- 丙火, 戊土, 癸水 중에서 천간에 있는 글자를 격(格)으로 잡는다.

09

○	乙	○	○
○	○	申	○

- 申월에 건록에 이르는 천간은 庚金과 乙木이다.
- 일간 기준 庚金은 정관이다.
- 일간 기준 乙木은 비견이다.
- 庚金과 乙木 중에서 천간에 있는 글자를 격(格)으로 잡는다.

10

○	乙	○	○
○	○	酉	○

- 申월에 건록에 이르는 천간은 庚金과 乙木이다.

- 일간 기준 庚金은 정관이다.
- 일간 기준 乙木은 비견이다.
- 庚金과 乙木 중에서 천간에 있는 글자를 격(格)으로 잡는다.

11

○	乙	○	○
○	○	戌	○

- 戌월에 쇠에 이르는 천간은 庚金과 乙木이다.
- 일간 기준 庚金은 정관이다.
- 일간 기준 乙木은 비견이다.
- 庚金과 乙木 중에서 천간에 있는 글자를 격(格)으로 잡는다.

12

○	乙	○	○
○	○	亥	○

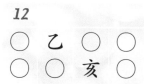

- 亥월에 건록에 이르는 천간은 壬水, 丁火, 己土이다.
- 일간 기준 壬水는 정인이다.
- 일간 기준 丁火는 식신이다.
- 일간 기준 己土는 편재이다.
- 壬水, 丁火, 己土 중에서 천간에 있는 글자를 격(格)으로 잡는다.

_丙火 병화

01			
○	丙	○	○
○	○	子	○

- 子월에 제왕에 이르는 천간은 壬水, 丁火, 己土이다.
- 일간 기준 壬水는 편관이다.
- 일간 기준 丁火는 겁재이다.
- 일간 기준 己土는 상관이다.
- 壬水, 丁火, 己土 중에서 천간에 있는 글자를 격(格)으로 잡는다.

02			
○	丙	○	○
○	○	丑	○

- 丑월에 쇠에 이르는 천간은 壬水, 丁火, 己土이다.
- 일간 기준 壬水는 편관이다.
- 일간 기준 丁火는 겁재이다.
- 일간 기준 己土는 상관이다.
- 壬水, 丁火, 己土 중에서 천간에 있는 글자를 격(格)으로 잡는다.

03

○	丙	○	○
○	○	寅	○

- 寅월에 건록에 이르는 천간은 甲木과 辛金이다.
- 일간 기준 甲木은 편인이다.
- 일간 기준 辛金은 정재이다.
- 甲木과 辛金 중에서 천간에 있는 글자를 격(格)으로 잡는다.

04

○	丙	○	○
○	○	卯	○

- 卯월에 제왕에 이르는 천간은 甲木과 辛金이다.
- 일간 기준 甲木은 편인이다.
- 일간 기준 辛金은 정재이다.
- 甲木과 辛金 중에서 천간에 있는 글자를 격(格)으로 잡는다.

05

○	丙	○	○
○	○	辰	○

- 辰월에 쇠에 이르는 천간은 甲木과 辛金이다.
- 일간 기준 甲木은 편인이다.

●일간 기준 辛金은 정재이다.

●甲木과 辛金 중에서 천간에 있는 글자를 격(格)으로 잡는다.

06

○	丙	○	○
○	○	巳	○

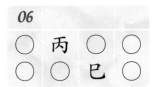

●巳월에 건록에 이르는 천간은 丙火, 戊土, 癸水이다.

●일간 기준 丙火는 비견이다.

●일간 기준 戊土는 식신이다.

●일간 기준 癸水는 정관이다.

●丙火, 戊土, 癸水 중에서 천간에 있는 글자를 격(格)으로 잡는다.

07

○	丙	○	○
○	○	午	○

●午월에 제왕에 이르는 천간은 丙火, 戊土, 癸水이다.

●일간 기준 丙火는 비견이다.

●일간 기준 戊土는 식신이다.

●일간 기준 癸水는 정관이다.

●丙火, 戊土, 癸水 중에서 천간에 있는 글자를 격(格)으로 잡는다.

08

○	丙	○	○
○	○	未	○

- 未월에 쇠에 이르는 천간은 丙火, 戊土, 癸水이다.
- 일간 기준 丙火는 비견이다.
- 일간 기준 戊土는 식신이다.
- 일간 기준 癸水는 정관이다.
- 丙火, 戊土, 癸水 중에서 천간에 있는 글자를 격(格)으로 잡는다.

09

○	丙	○	○
○	○	申	○

- 申월에 건록에 이르는 천간은 庚金과 乙木이다.
- 일간 기준 庚金은 편재이다.
- 일간 기준 乙木은 정인이다.
- 庚金과 乙木 중에서 천간에 있는 글자를 격(格)으로 잡는다.

10

○	丙	○	○
○	○	酉	○

- 酉월에 제왕에 이르는 천간은 庚金과 乙木이다.

● 일간 기준 庚金은 편재다.

● 일간 기준 乙木은 정인이다.

● 庚金과 乙木 중에서 천간에 있는 글자를 격(格)으로 잡는다.

11			
○	丙	○	○
○	○	戌	○

● 戌월에 쇠에 이르는 천간은 庚金과 乙木이다.

● 일간 기준 庚金은 편재이다.

● 일간 기준 乙木은 정인이다.

● 庚金과 乙木 중에서 천간에 있는 글자를 격(格)으로 잡는다.

12			
○	丙	○	○
○	○	亥	○

● 亥월에 건록에 이르는 천간은 壬水, 丁火, 己土이다.

● 일간 기준 壬水는 편관이다.

● 일간 기준 丁火는 겁재이다.

● 일간 기준 己土는 상관이다.

● 壬水, 丁火, 己土 중에서 천간에 있는 글자를 격(格)으로 잡는다.

丁火 정화

01

○	丁	○	○
○	○	子	○

- 子월에 제왕에 이르는 천간은 壬水, 丁火, 己土이다.
- 일간 기준 壬水는 정관이다.
- 일간 기준 丁火는 비견이다.
- 일간 기준 己土는 식신이다.
- 壬水, 丁火, 己土 중에서 천간에 있는 글자를 격(格)으로 잡는다.

02

○	丁	○	○
○	○	丑	○

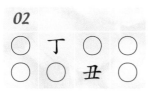

- 丑월에 쇠에 이르는 천간은 壬水, 丁火, 己土이다.
- 일간 기준 壬水는 정관이다.
- 일간 기준 丁火는 비견이다.
- 일간 기준 己土는 식신이다.
- 壬水, 丁火, 己土 중에서 천간에 있는 글자를 격(格)으로 잡는다.

03

○	丁	○	○
○	○	寅	○

- 寅월에 건록에 이르는 천간은 甲木과 辛金이다.
- 일간 기준 甲木은 정인이다.
- 일간 기준 辛金은 편재이다.
- 甲木과 辛金 중에서 천간에 있는 글자를 격(格)으로 잡는다.

04

○	丁	○	○
○	○	卯	○

- 卯월에 제왕에 이르는 천간은 甲木과 辛金이다.
- 일간 기준 甲木은 정인이다.
- 일간 기준 辛金은 편재이다.
- 甲木과 辛金 중에서 천간에 있는 글자를 격(格)으로 잡는다.

05

○	丁	○	○
○	○	辰	○

- 辰월에 쇠에 이르는 천간은 甲木과 辛金이다.
- 일간 기준 甲木은 정인이다.

● 일간 기준 辛金은 편재이다.

● 甲木과 辛金 중에서 천간에 있는 글자를 격(格)으로 잡는다.

06

○	丁	○	○
○	○	巳	○

● 巳월에 건록에 이르는 천간은 丙火, 戊土, 癸水이다.

● 일간 기준 丙火는 겁재이다.

● 일간 기준 戊土는 상관이다.

● 일간 기준 癸水는 편관이다.

● 丙火, 戊土, 癸水 중에서 천간에 있는 글자를 격(格)으로 잡는다.

07

○	丁	○	○
○	○	午	○

● 午월에 제왕에 이르는 천간은 丙火, 戊土, 癸水이다.

● 일간 기준 丙火는 겁재이다.

● 일간 기준 戊土는 상관이다.

● 일간 기준 癸水는 편관이다.

● 丙火, 戊土, 癸水 중에서 천간에 있는 글자를 격(格)으로 잡는다.

08

○	丁	○	○
○	○	未	○

- 未월에 쇠에 이르는 천간은 丙火, 戊土, 癸水이다.
- 일간 기준 丙火는 겁재이다.
- 일간 기준 戊土는 상관이다.
- 일간 기준 癸水는 편관이다.
- 丙火, 戊土, 癸水 중에서 천간에 있는 글자를 격(格)으로 잡는다.

09

○	丁	○	○
○	○	申	○

- 申월에 건록에 이르는 천간은 庚金과 乙木이다.
- 일간 기준 庚金은 정재이다.
- 일간 기준 乙木은 편인이다.
- 庚金과 乙木 중에서 천간에 있는 글자를 격(格)으로 잡는다.

10

○	丁	○	○
○	○	酉	○

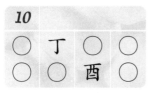

- 酉월에 제왕에 이르는 천간은 庚金과 乙木이다.

- 일간 기준 庚金은 정재이다.
- 일간 기준 乙木은 편인이다.
- 庚金과 乙木 중에서 천간에 있는 글자를 격(格)으로 잡는다.

11

○	丁	○	○
○	○	戌	○

- 戌월에 쇠에 이르는 천간은 庚金과 乙木이다.
- 일간 기준 庚金은 정재이다.
- 일간 기준 乙木은 편인이다.
- 庚金과 乙木 중에서 천간에 있는 글자를 격(格)으로 잡는다.

12

○	丁	○	○
○	○	亥	○

- 亥월에 건록에 이르는 천간은 壬水, 丁火, 己土이다.
- 일간 기준 壬水는 정관이다.
- 일간 기준 丁火는 비견이다.
- 일간 기준 己土는 식신이다.
- 壬水, 丁火, 己土 중에서 천간에 있는 글자를 격(格)으로 잡는다.

_戊土무토

01			
○	戊	○	○
○	○	子	○

- 子월에 제왕에 이르는 천간은 壬水, 丁火, 己土이다.
- 일간 기준 壬水는 편재이다.
- 일간 기준 丁火는 정인이다.
- 일간 기준 己土는 겁재이다.
- 壬水, 丁火, 己土 중에서 천간에 있는 글자를 격(格)으로 잡는다.

02			
○	戊	○	○
○	○	丑	○

- 丑월에 쇠에 이르는 천간은 壬水, 丁火, 己土이다.
- 일간 기준 壬水는 편재이다.
- 일간 기준 丁火는 정인이다.
- 일간 기준 己土는 겁재이다.
- 壬水, 丁火, 己土 중에서 천간에 있는 글자를 격(格)으로 잡는다.

03

○	戊	○	○
○	○	寅	○

- 寅월에 건록에 이르는 천간은 甲木과 辛金이다.
- 일간 기준 甲木은 편관이다.
- 일간 기준 辛金은 상관이다.
- 甲木과 辛金 중에서 천간에 있는 글자를 격(格)으로 잡는다.

04

○	戊	○	○
○	○	卯	○

- 卯월에 제왕에 이르는 천간은 甲木과 辛金이다.
- 일간 기준 甲木은 편관이다.
- 일간 기준 辛金은 상관이다.
- 甲木과 辛金 중에서 천간에 있는 글자를 격(格)으로 잡는다.

05

○	戊	○	○
○	○	辰	○

- 辰월에 쇠에 이르는 천간은 甲木과 辛金이다.
- 일간 기준 甲木은 편관이다.

● 일간 기준 辛金은 상관이다.

● 甲木과 辛金 중에서 천간에 있는 글자를 격(格)으로 잡는다.

06			
○	戊	○	○
○	○	巳	○

● 巳월에 건록에 이르는 천간은 丙火, 戊土, 癸水이다.

● 일간 기준 丙火는 편인이다.

● 일간 기준 戊土는 비견이다.

● 일간 기준 癸水는 정재이다.

● 丙火, 戊土, 癸水 중에서 천간에 있는 글자를 격(格)으로 잡는다.

07			
○	戊	○	○
○	○	午	○

● 午월에 제왕에 이르는 천간은 丙火, 戊土, 癸水이다.

● 일간 기준 丙火는 편인이다.

● 일간 기준 戊土는 비견이다.

● 일간 기준 癸水는 정재이다.

● 丙火, 戊土, 癸水 중에서 천간에 있는 글자를 격(格)으로 잡는다.

08

○	戊	○	○
○	○	未	○

- 未월에 쇠에 이르는 천간은 丙火, 戊土, 癸水이다.
- 일간 기준 丙火는 편인이다.
- 일간 기준 戊土는 비견이다.
- 일간 기준 癸水는 정재이다.
- 丙火, 戊土, 癸水 중에서 천간에 있는 글자를 격(格)으로 잡는다.

09

○	戊	○	○
○	○	申	○

- 申월에 건록에 이르는 천간은 庚金과 乙木이다.
- 일간 기준 庚金은 식신이다.
- 일간 기준 乙木은 정관이다.
- 庚金과 乙木 중에서 천간에 있는 글자를 격(格)으로 잡는다.

10

○	戊	○	○
○	○	酉	○

- 酉월에 제왕에 이르는 천간은 庚金과 乙木이다.

- 일간 기준 庚金은 식신이다.
- 일간 기준 乙木은 정관이다.
- 庚金과 乙木 중에서 천간에 있는 글자를 격(格)으로 잡는다.

11			
○	戊	○	○
○	○	戌	○

- 戌월에 쇠에 이르는 천간은 庚金과 乙木이다.
- 일간 기준 庚金은 식신이다.
- 일간 기준 乙木은 정관이다.
- 庚金과 乙木 중에서 천간에 있는 글자를 격(格)으로 잡는다.

12			
○	戊	○	○
○	○	亥	○

- 亥월에 건록에 이르는 천간은 壬水, 丁火, 己土이다.
- 일간 기준 壬水는 편재이다.
- 일간 기준 丁火는 정인이다.
- 일간 기준 己土는 겁재이다.
- 壬水, 丁火, 己土 중에서 천간에 있는 글자를 격(格)으로 잡는다.

己土기토

01

○	己	○	○
○	○	子	○

- 子월에 제왕에 이르는 천간은 壬水, 丁火, 己土이다.
- 일간 기준 壬水는 정재이다.
- 일간 기준 丁火는 편인이다.
- 일간 기준 己土는 비견이다.
- 壬水, 丁火, 己土 중에서 천간에 있는 글자를 격(格)으로 잡는다.

02

○	己	○	○
○	○	丑	○

- 丑월에 쇠에 이르는 천간은 壬水, 丁火, 己土이다.
- 일간 기준 壬水는 정재이다.
- 일간 기준 丁火는 편인이다.
- 일간 기준 己土는 비견이다.
- 壬水, 丁火, 己土 중에서 천간에 있는 글자를 격(格)으로 잡는다.

03			
○	己	○	○
○	○	寅	○

- 寅월에 건록에 이르는 천간은 甲木과 辛金이다.
- 일간 기준 甲木은 정관이다.
- 일간 기준 辛金은 식신이다.
- 甲木과 辛金 중에서 천간에 있는 글자를 격(格)으로 잡는다.

04			
○	己	○	○
○	○	卯	○

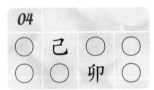

- 卯월에 제왕에 이르는 천간은 甲木과 辛金이다.
- 일간 기준 甲木은 정관이다.
- 일간 기준 辛金은 식신이다.
- 甲木과 辛金 중에서 천간에 있는 글자를 격(格)으로 잡는다.

05			
○	己	○	○
○	○	辰	○

- 辰월에 쇠에 이르는 천간은 甲木과 辛金이다.
- 일간 기준 甲木은 정관이다.

● 일간 기준 辛金은 식신이다.

● 甲木과 辛金 중에서 천간에 있는 글자를 격(格)으로 잡는다.

06			
○	己	○	○
○	○	巳	○

● 巳월에 건록에 이르는 천간은 丙火, 戊土, 癸水이다.

● 일간 기준 丙火는 정인이다.

● 일간 기준 戊土는 겁재이다.

● 일간 기준 癸水는 편재이다.

● 丙火, 戊土, 癸水 중에서 천간에 있는 글자를 격(格)으로 잡는다.

07			
○	己	○	○
○	○	午	○

● 午월에 제왕에 이르는 천간은 丙火, 戊土, 癸水이다.

● 일간 기준 丙火는 정인이다.

● 일간 기준 戊土는 겁재이다.

● 일간 기준 癸水는 편재이다.

● 丙火, 戊土, 癸水 중에서 천간에 있는 글자를 격(格)으로 잡는다.

08			
○	己	○	○
○	○	未	○

- 未월에 쇠에 이르는 천간은 丙火, 戊土, 癸水이다.
- 일간 기준 丙火는 정인이다.
- 일간 기준 戊土는 겁재이다.
- 일간 기준 癸水는 편재이다.
- 丙火, 戊土, 癸水 중에서 천간에 있는 글자를 격(格)으로 잡는다.

09			
○	己	○	○
○	○	申	○

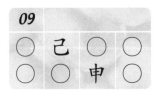

- 申월에 건록에 이르는 천간은 庚金과 乙木이다.
- 일간 기준 庚金은 상관이다.
- 일간 기준 乙木은 편관이다.
- 庚金과 乙木 중에서 천간에 있는 글자를 격(格)으로 잡는다.

10			
○	己	○	○
○	○	酉	○

- 酉월에 제왕에 이르는 천간은 庚金과 乙木이다.

● 일간 기준 庚金은 상관이다.

● 일간 기준 乙木은 편관이다.

● 庚金과 乙木 중에서 천간에 있는 글자를 격(格)으로 잡는다.

11

○	己	○	○
○	○	戌	○

● 戌월에 쇠에 이르는 천간은 庚金과 乙木이다.

● 일간 기준 庚金은 상관이다.

● 일간 기준 乙木은 편관이다.

● 庚金과 乙木 중에서 천간에 있는 글자를 격(格)으로 잡는다.

12

○	己	○	○
○	○	亥	○

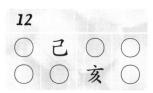

● 亥월에 건록에 이르는 천간은 壬水, 丁火, 己土이다.

● 일간 기준 壬水는 정재이다.

● 일간 기준 丁火는 편인이다.

● 일간 기준 己土는 비견이다.

● 壬水, 丁火, 己土 중에서 천간에 있는 글자를 격(格)으로 잡는다.

_庚金 경금

01

○	庚	○	○
○	○	子	○

- 子월에 제왕에 이르는 천간은 壬水, 丁火, 己土이다.
- 일간 기준 壬水는 식신이다.
- 일간 기준 丁火는 정관이다.
- 일간 기준 己土는 정인이다.
- 壬水, 丁火, 己土 중에서 천간에 있는 글자를 격(格)으로 잡는다.

02

○	庚	○	○
○	○	丑	○

- 丑월에 쇠에 이르는 천간은 壬水, 丁火, 己土이다.
- 일간 기준 壬水는 식신이다.
- 일간 기준 丁火는 정관이다.
- 일간 기준 己土는 정인이다.
- 壬水, 丁火, 己土 중에서 천간에 있는 글자를 격(格)으로 잡는다.

03

○	庚	○	○
○	○	寅	○

- 寅월에 건록에 이르는 천간은 甲木과 辛金이다.
- 일간 기준 甲木은 편재이다.
- 일간 기준 辛金은 겁재이다.
- 甲木과 辛金 중에서 천간에 있는 글자를 격(格)으로 잡는다.

04

○	庚	○	○
○	○	卯	○

- 卯월에 제왕에 이르는 천간은 甲木과 辛金이다.
- 일간 기준 甲木은 편재이다.
- 일간 기준 辛金은 겁재이다.
- 甲木과 辛金 중에서 천간에 있는 글자를 격(格)으로 잡는다.

05

○	庚	○	○
○	○	辰	○

- 辰월에 쇠에 이르는 천간은 甲木과 辛金이다.
- 일간 기준 甲木은 편재이다.

● 일간 기준 辛金은 겁재이다.

● 甲木과 辛金 중에서 천간에 있는 글자를 격(格)으로 잡는다.

06

○	庚	○	○
○	○	巳	○

● 巳월에 건록에 이르는 천간은 丙火, 戊土, 癸水이다.

● 일간 기준 丙火는 편관이다.

● 일간 기준 戊土는 편인이다.

● 일간 기준 癸水는 상관이다.

● 丙火, 戊土, 癸水 중에서 천간에 있는 글자를 격(格)으로 잡는다.

07

○	庚	○	○
○	○	午	○

● 午월에 제왕에 이르는 천간은 丙火, 戊土, 癸水이다.

● 일간 기준 丙火는 편관이다.

● 일간 기준 戊土는 편인이다.

● 일간 기준 癸水는 상관이다.

● 丙火, 戊土, 癸水 중에서 천간에 있는 글자를 격(格)으로 잡는다.

08

○	庚	○	○
○	○	未	○

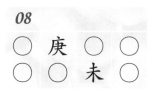

- 未월에 쇠에 이르는 천간은 丙火, 戊土, 癸水이다.
- 일간 기준 丙火는 편관이다.
- 일간 기준 戊土는 편인이다.
- 일간 기준 癸水는 상관이다.
- 丙火, 戊土, 癸水 중에서 천간에 있는 글자를 격(格)으로 잡는다.

09

○	庚	○	○
○	○	申	○

- 申월에 건록에 이르는 천간은 庚金과 乙木이다.
- 일간 기준 庚金은 비견이다.
- 일간 기준 乙木은 정재이다.
- 庚金과 乙木 중에서 천간에 있는 글자를 격(格)으로 잡는다.

10

○	庚	○	○
○	○	酉	○

- 酉월에 제왕에 이르는 천간은 庚金과 乙木이다.

● 일간 기준 庚金은 비견이다.

● 일간 기준 乙木은 정재이다.

● 庚金과 乙木 중에서 천간에 있는 글자를 격(格)으로 잡는다.

11

○	庚	○	○
○	○	戌	○

● 戌월에 쇠에 이르는 천간은 庚金과 乙木이다.

● 일간 기준 庚金은 비견이다.

● 일간 기준 乙木은 정재이다.

● 庚金과 乙木 중에서 천간에 있는 글자를 격(格)으로 잡는다.

12

○	庚	○	○
○	○	亥	○

● 亥월에 건록에 이르는 천간은 壬水, 丁火, 己土이다.

● 일간 기준 壬水는 식신이다.

● 일간 기준 丁火는 정관이다.

● 일간 기준 己土는 정인이다.

● 壬水, 丁火, 己土 중에서 천간에 있는 글자를 격(格)으로 잡는다.

_辛金 신금

01

○	辛	○	○
○	○	子	○

- 子월에 제왕에 이르는 천간은 壬水, 丁火, 己土이다.
- 일간 기준 壬水는 상관이다.
- 일간 기준 丁火는 편관이다.
- 일간 기준 己土는 편인이다.
- 壬水, 丁火, 己土 중에서 천간에 있는 글자를 격(格)으로 잡는다.

02

○	辛	○	○
○	○	丑	○

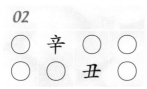

- 丑월에 쇠에 이르는 천간은 壬水, 丁火, 己土이다.
- 일간 기준 壬水는 상관이다.
- 일간 기준 丁火는 편관이다.
- 일간 기준 己土는 편인이다.
- 壬水, 丁火, 己土 중에서 천간에 있는 글자를 격(格)으로 잡는다.

03

○	辛	○	○
○	○	寅	○

- 寅월에 건록에 이르는 천간은 甲木과 辛金이다.
- 일간 기준 甲木은 정재이다.
- 일간 기준 辛金은 비견이다.
- 甲木과 辛金 중에서 천간에 있는 글자를 격(格)으로 잡는다.

04

○	辛	○	○
○	○	卯	○

- 卯월에 제왕에 이르는 천간은 甲木과 辛金이다.
- 일간 기준 甲木은 정재이다.
- 일간 기준 辛金은 비견이다.
- 甲木과 辛金 중에서 천간에 있는 글자를 격(格)으로 잡는다.

05

○	辛	○	○
○	○	辰	○

- 辰월에 쇠에 이르는 천간은 甲木과 辛金이다.
- 일간 기준 甲木은 정재이다.

- 일간 기준 辛金은 비견이다.
- 甲木과 辛金 중에서 천간에 있는 글자를 격(格)으로 잡는다.

06

○	辛	○	○
○	○	巳	○

- 巳월에 건록에 이르는 천간은 丙火, 戊土, 癸水이다.
- 일간 기준 丙火는 정관이다.
- 일간 기준 戊土는 정인이다.
- 일간 기준 癸水는 식신이다.
- 丙火, 戊土, 癸水 중에서 천간에 있는 글자를 격(格)으로 잡는다.

07

○	辛	○	○
○	○	午	○

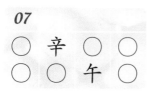

- 午월에 제왕에 이르는 천간은 丙火, 戊土, 癸水이다.
- 일간 기준 丙火는 정관이다.
- 일간 기준 戊土는 정인이다.
- 일간 기준 癸水는 식신이다.
- 丙火, 戊土, 癸水 중에서 천간에 있는 글자를 격(格)으로 잡는다.

08

○	辛	○	○
○	○	未	○

- 未월에 쇠에 이르는 천간은 丙火, 戊土, 癸水이다.
- 일간 기준 丙火는 정관이다.
- 일간 기준 戊土는 정인이다.
- 일간 기준 癸水는 식신이다.
- 丙火, 戊土, 癸水 중에서 천간에 있는 글자를 격(格)으로 잡는다.

09

○	辛	○	○
○	○	申	○

- 申월에 건록에 이르는 천간은 庚金과 乙木이다.
- 일간 기준 庚金은 겁재이다.
- 일간 기준 乙木은 편재이다.
- 庚金과 乙木 중에서 천간에 있는 글자를 격(格)으로 잡는다.

10

○	辛	○	○
○	○	酉	○

- 酉월에 제왕에 이르는 천간은 庚金과 乙木이다.

●일간 기준 庚金은 겁재이다.

●일간 기준 乙木은 편재이다.

●庚金과 乙木 중에서 천간에 있는 글자를 격(格)으로 잡는다.

11

○	辛	○	○
○	○	戌	○

●戌월에 쇠에 이르는 천간은 庚金과 乙木이다.

●일간 기준 庚金은 겁재이다.

●일간 기준 乙木은 편재이다.

●庚金과 乙木 중에서 천간에 있는 글자를 격(格)으로 잡는다.

12

○	辛	○	○
○	○	亥	○

●亥월에 건록에 이르는 천간은 壬水, 丁火, 己土이다.

●일간 기준 壬水는 상관이다.

●일간 기준 丁火는 편관이다.

●일간 기준 己土는 편인이다.

●壬水, 丁火, 己土 중에서 천간에 있는 글자를 격(格)으로 잡는다.

_壬水 임수

01

○	壬	○	○
○	○	子	○

- 子월에 제왕에 이르는 천간은 壬水, 丁火, 己土이다.
- 일간 기준 壬水는 비견이다.
- 일간 기준 丁火는 정재이다.
- 일간 기준 己土는 정관이다.
- 壬水, 丁火, 己土 중에서 천간에 있는 글자를 격(格)으로 잡는다.

02

○	壬	○	○
○	○	丑	○

- 丑월에 쇠에 이르는 천간은 壬水, 丁火, 己土이다.
- 일간 기준 壬水는 비견이다.
- 일간 기준 丁火는 정재이다.
- 일간 기준 己土는 정관이다.
- 壬水, 丁火, 己土 중에서 천간에 있는 글자를 격(格)으로 잡는다.

03

○	壬	○	○
○	○	寅	○

- 寅월에 건록에 이르는 천간은 甲木과 辛金이다.
- 일간 기준 甲木은 식신이다.
- 일간 기준 辛金은 정인이다.
- 甲木과 辛金 중에서 천간에 있는 글자를 격(格)으로 잡는다.

04

○	壬	○	○
○	○	卯	○

- 卯월에 제왕에 이르는 천간은 甲木과 辛金이다.
- 일간 기준 甲木은 식신이다.
- 일간 기준 辛金은 정인이다.
- 甲木과 辛金 중에서 천간에 있는 글자를 격(格)으로 잡는다.

05

○	壬	○	○
○	○	辰	○

- 辰월에 쇠에 이르는 천간은 甲木과 辛金이다.
- 일간 기준 甲木은 식신이다.

● 일간 기준 辛金은 정인이다.

● 甲木과 辛金 중에서 천간에 있는 글자를 격(格)으로 잡는다.

06			
○	壬	○	○
○	○	巳	○

● 巳월에 건록에 이르는 천간은 丙火, 戊土, 癸水이다.

● 일간 기준 丙火는 편재이다.

● 일간 기준 戊土는 편관이다.

● 일간 기준 癸水는 겁재이다.

● 丙火, 戊土, 癸水 중에서 천간에 있는 글자를 격(格)으로 잡는다.

07			
○	壬	○	○
○	○	午	○

● 午월에 제왕에 이르는 천간은 丙火, 戊土, 癸水이다.

● 일간 기준 丙火는 편재이다.

● 일간 기준 戊土는 편관이다.

● 일간 기준 癸水는 겁재이다.

● 丙火, 戊土, 癸水 중에서 천간에 있는 글자를 격(格)으로 잡는다.

08

○	壬	○	○
○	○	未	○

- 未월에 쇠에 이르는 천간은 丙火, 戊土, 癸水이다.
- 일간 기준 丙火는 편재이다.
- 일간 기준 戊土는 편관이다.
- 일간 기준 癸水는 겁재이다.
- 丙火, 戊土, 癸水 중에서 천간에 있는 글자를 격(格)으로 잡는다.

09

○	壬	○	○
○	○	申	○

- 申월에 건록에 이르는 천간은 庚金과 乙木이다.
- 일간 기준 庚金은 편인이다.
- 일간 기준 乙木은 상관이다.
- 庚金과 乙木 중에서 천간에 있는 글자를 격(格)으로 잡는다.

10

○	壬	○	○
○	○	酉	○

- 酉월에 제왕에 이르는 천간은 庚金과 乙木이다.

- 일간 기준 庚金은 편인이다.
- 일간 기준 乙木은 상관이다.
- 庚金과 乙木 중에서 천간에 있는 글자를 격(格)으로 잡는다.

11

○	壬	○	○
○	○	戌	○

- 戌월에 쇠에 이르는 천간은 庚金과 乙木이다.
- 일간 기준 庚金은 편인이다.
- 일간 기준 乙木은 상관이다.
- 庚金과 乙木 중에서 천간에 있는 글자를 격(格)으로 잡는다.

12

○	壬	○	○
○	○	亥	○

- 亥월에 건록에 이르는 천간은 壬水, 丁火, 己土이다.
- 일간 기준 壬水는 비견이다.
- 일간 기준 丁火는 정재이다.
- 일간 기준 己土는 정관이다.
- 壬水, 丁火, 己土 중에서 천간에 있는 글자를 격(格)으로 잡는다.

_癸水 계수

01

○	癸	○	○
○	○	子	○

- 子월에 제왕에 이르는 천간은 壬水, 丁火, 己土이다.
- 일간 기준 壬水는 겁재이다.
- 일간 기준 丁火는 편재이다.
- 일간 기준 己土는 편관이다.
- 壬水, 丁火, 己土 중에서 천간에 있는 글자를 격(格)으로 잡는다.

02

○	癸	○	○
○	○	丑	○

- 丑월에 쇠에 이르는 천간은 壬水, 丁火, 己土이다.
- 일간 기준 壬水는 겁재이다.
- 일간 기준 丁火는 편재이다.
- 일간 기준 己土는 편관이다.
- 壬水, 丁火, 己土 중에서 천간에 있는 글자를 격(格)으로 잡는다.

03

○	癸	○	○
○	○	寅	○

- 寅월에 건록에 이르는 천간은 甲木과 辛金이다.
- 일간 기준 甲木은 상관이다.
- 일간 기준 辛金은 편인이다.
- 甲木과 辛金 중에서 천간에 있는 글자를 격(格)으로 잡는다.

04

○	癸	○	○
○	○	卯	○

- 卯월에 제왕에 이르는 천간은 甲木과 辛金이다.
- 일간 기준 甲木은 상관이다.
- 일간 기준 辛金은 편인이다.
- 甲木과 辛金 중에서 천간에 있는 글자를 격(格)으로 잡는다.

05

○	癸	○	○
○	○	辰	○

- 辰월에 쇠에 이르는 천간은 甲木과 辛金이다.
- 일간 기준 甲木은 상관이다.

- 일간 기준 辛金은 편인이다.
- 甲木과 辛金 중에서 천간에 있는 글자를 격(格)으로 잡는다.

06

○	癸	○	○
○	○	巳	○

- 巳월에 건록에 이르는 천간은 丙火, 戊土, 癸水이다.
- 일간 기준 丙火는 정재이다.
- 일간 기준 戊土는 정관이다.
- 일간 기준 癸水는 비견이다.
- 丙火, 戊土, 癸水 중에서 천간에 있는 글자를 격(格)으로 잡는다.

07

○	癸	○	○
○	○	午	○

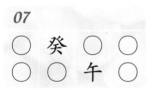

- 午월에 제왕에 이르는 천간은 丙火, 戊土, 癸水이다.
- 일간 기준 丙火는 정재이다.
- 일간 기준 戊土는 정관이다.
- 일간 기준 癸水는 비견이다.
- 丙火, 戊土, 癸水 중에서 천간에 있는 글자를 격(格)으로 잡는다.

08

○	癸	○	○
○	○	未	○

- 未월에 쇠에 이르는 천간은 丙火, 戊土, 癸水이다.
- 일간 기준 丙火는 정재이다.
- 일간 기준 戊土는 정관이다.
- 일간 기준 癸水는 비견이다.
- 丙火, 戊土, 癸水 중에서 천간에 있는 글자를 격(格)으로 잡는다.

09

○	癸	○	○
○	○	申	○

- 申월에 건록에 이르는 천간은 庚金과 乙木이다.
- 일간 기준 庚金은 정인이다.
- 일간 기준 乙木은 식신이다.
- 庚金과 乙木 중에서 천간에 있는 글자를 격(格)으로 잡는다.

10

○	癸	○	○
○	○	酉	○

- 酉월에 제왕에 이르는 천간은 庚金과 乙木이다.

- 일간 기준 庚金은 정인이다.
- 일간 기준 乙木은 식신이다.
- 庚金과 乙木 중에서 천간에 있는 글자를 격(格)으로 잡는다.

11

○	癸	○	○
○	○	戌	○

- 戌월에 쇠에 이르는 천간은 庚金과 乙木이다.
- 일간 기준 庚金은 정인이다.
- 일간 기준 乙木은 식신이다.
- 庚金과 乙木 중에서 천간에 있는 글자를 격(格)으로 잡는다.

12

○	癸	○	○
○	○	亥	○

- 亥월에 건록에 이르는 천간은 壬水, 丁火, 己土이다.
- 일간 기준 壬水는 겁재이다.
- 일간 기준 丁火는 편재이다.
- 일간 기준 己土는 편관이다.
- 壬水, 丁火, 己土 중에서 천간에 있는 글자를 격(格)으로 잡는다.

나이스사주명리

다시 쓰는 명리학

응용편

14

팔자의 격(格)

001

丙	乙	辛	壬
子	亥	亥	辰

- 월지 亥에서 壬水와 丁火와 己土가 건록이다.
- 壬水, 丁火, 己土 중에서 壬水가 연간에 있다.
- 壬水 정인을 격(格)으로 잡을 수 있다.
- 정인격(인수격)이다.

002

丁	戊	壬	己
巳	戌	申	巳

- 월지 申에서 庚金과 乙木이 건록이다.

- 庚金과 乙木 중에서 천간에 있는 글자가 없다.
- 격을 정할 수 없다.

003

壬	己	壬	壬
申	未	寅	申

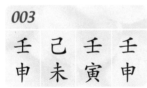

- 월지 寅에서 甲木과 辛金이 건록이다.
- 甲木과 辛金 중에서 천간에 있는 글자가 없다.
- 격을 정할 수 없다.

004

丁	己	丙	壬
卯	亥	午	申

- 월지 午에서 丙火, 戊土, 癸水가 제왕이다.
- 丙火, 戊土, 癸水 중에서 월간에 丙火 정인이 있다.
- 정인격(인수격)이다.
- 더 확산 더 상승하는 丙火의 속성을 살려야 한다.

005

丙	乙	庚	丙
子	亥	子	子

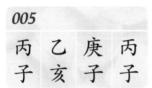

- 월지 子에서 壬水와 丁火와 己土가 제왕이다.

● 壬水, 丁火, 己土 중에서 있는 글자가 없다.

● 록왕쇠 글자가 천간에 있지 않으면 격을 정할 수 없다.

006

己	甲	己	甲
巳	午	巳	寅

● 월지 巳에서 丙火, 戊土, 癸水가 건록이다.

● 丙火, 戊土, 癸水 중에서 천간에 있는 글자가 없다.

● 격을 정할 수 없다.

007

甲	壬	丁	戊
辰	申	巳	辰

● 월지 巳에서 丙火, 戊土, 癸水가 건록이다.

● 丙火, 戊土, 癸水 중에서 연간에 편관 戊土가 있다.

● 편관격(칠살격)이다.

● 戊土의 더 확산 더 상승하는 속성을 살려야 한다.

008

甲	戊	辛	壬
寅	子	亥	申

● 월지 亥에서 壬水와 丁火와 己土가 건록이다.

● 壬水, 丁火, 己土 중에서 壬水 편재가 있다.

● 편재격이다.

● 더 응축 더 하강하는 壬水의 속성을 살려야 한다.

009

丁	己	丁	甲
卯	未	亥	子

● 亥卯未 삼합을 언급하면 안 된다.

● 월지 亥에서 壬水와 丁火와 己土가 건록이다.

● 壬水, 丁火, 己土 중에서 월간과 시간에 丁火 편인이 있다.

● 편인격이다.

010

甲	己	癸	辛
戌	亥	巳	酉

● 월지 巳에서 丙火, 戊土, 癸水가 건록이다.

● 丙火, 戊土, 癸水 중에서 월간에 癸水 편재가 있다.

● 편재격이다.

● 더 확산 더 상승하는 癸水의 속성을 살려야 한다.

011

甲	庚	甲	戊
申	寅	寅	寅

- 월지 寅에서 甲木과 辛金이 건록이다.
- 甲木과 辛金 중에서 월간과 시간에 편재 甲木이 있다.
- 편재격이다.
- 확산 상승하는 甲木의 속성을 살려야 한다.

012

庚	庚	乙	癸
辰	寅	卯	亥

- 월지 卯에서 甲木과 辛金이 제왕이다.
- 甲木과 辛金 중에서 천간에 있는 글자가 없다.
- 격을 정할 수 없다.

013

丁	辛	甲	戊
酉	卯	寅	午

- 월지 寅에서 甲木과 辛金이 건록이다.
- 甲木과 辛金 중에서 월간에 정재 甲木이 있다.
- 일간도 월지 寅에서 건록이다.

• 격은 일간을 기준으로 정하므로 정재격이다.

• 정재를 확산 상승하는 방향으로 사용해야 한다.

014

戊	辛	丙	己
戌	卯	寅	未

• 월지 寅에서 甲木과 辛金이 건록이다.

• 甲木과 辛金 중에서 일간 辛金이 건록이다.

• 일간은 격으로 정하지 않는다.

• 일간은 다른 십신을 정하는 기준이 된다.

• 격을 정할 수 없다.

015

庚	辛	丁	癸
寅	丑	巳	亥

• 월지 巳에서 丙火, 戊土, 癸水가 건록이다.

• 丙火, 戊土, 癸水 중에서 연간에 癸水 식신이 있다.

• 식신격이다.

• 더 확산 더 상승하는 癸水의 속성을 살려야 한다.

016

丙	庚	甲	癸
戌	戌	寅	酉

- 월지 寅에서 甲木과 辛金이 건록이다.
- 甲木과 辛金 중에서 월간에 甲木 편재가 있다.
- 편재격이다.
- 확산 상승하는 甲木의 속성을 살려 편재 활동을 해야 한다.

017

癸	己	丙	甲
酉	卯	寅	子

- 월지 寅에서 甲木과 辛金이 건록이다.
- 甲木과 辛金 중에서 연간에 甲木 정관이 있다.
- 정관격이다.

018

己	乙	戊	丁
卯	亥	申	丑

- 월지 申에서 庚金과 乙木이 건록이다.
- 庚金과 乙木 중에서 일간 乙木이 천간에 있다.
- 일간 乙木은 월지 申에서 건록이다.

- 일간은 다른 천간의 십신을 정할 때 쓴다.
- 격을 정할 수 없다.

019

辛	辛	己	乙
卯	亥	卯	卯

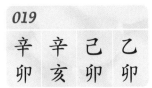

- 월지 卯에서 甲木과 辛金이 제왕이다.
- 甲木과 辛金 중에서 일간과 시간에 辛金이 있다.
- 비견과의 경쟁이 치열하다.
- 비견격이다.

020

丁	戊	甲	丙
巳	寅	午	寅

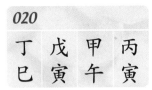

- 월지 午에서 丙火, 戊土, 癸水가 제왕이다.
- 丙火, 戊土, 癸水 중에서 연간에 丙火 편인이 있다.
- 일간 戊土도 월지 午에서 제왕이다.
- 편인격이다.

021

丙	戊	己	己
辰	辰	巳	巳

- 월지 巳에서 丙火, 戊土, 癸水가 건록이다.
- 丙火, 戊土, 癸水 중에서 일·시간에 戊土와 丙火가 있다.
- 일간을 기준으로 격을 정하므로 편인격이다.
- 더 확산 더 상승하는 丙火의 속성을 살려 편인을 사용해야 하다.

022

丙	乙	丙	甲
子	亥	子	申

- 월지 子에서 壬水와 丁火와 己土가 제왕이다.
- 壬水, 丁火, 己土 중 어느 글자도 천간에 없다.
- 록왕쇠 글자가 천간에 있지 않으면 격을 정할 수 없다.

023

癸	戊	癸	壬
丑	申	丑	申

- 월지 丑에서 壬水와 丁火와 己土가 쇠이다.
- 壬水, 丁火, 己土 중에서 壬水 편재가 있다.
- 편재격이다.

024

癸	癸	丙	戊
丑	丑	辰	申

- 월지 辰에서 甲木과 辛金이 쇠이다.
- 甲木과 辛金 중에서 천간에 있는 글자가 없다.
- 격을 정할 수 없다.

025

戊	己	丁	壬
辰	亥	未	申

- 월지 未에서 丙火, 戊土, 癸水가 쇠이다.
- 丙火, 戊土, 癸水 중에서 시간에 겁재 戊土가 있다.
- 겁재격이다.
- 겁재격은 승부욕이 강하다.
- 운의 흐름을 보면서 승부를 펼쳐야 한다.

026

戊	丙	己	己
子	戌	巳	亥

- 월지 巳에서 丙火, 戊土, 癸水가 건록이다.
- 丙火, 戊土, 癸水 중에서 시간에 戊土 식신이 있다.

- 식신격이다.
- 더 확산 더 상승하는 戊土의 속성을 살려야 한다.

027

丁	癸	丙	辛
巳	丑	申	未

- 월지 申에서 庚金과 乙木이 건록이다.
- 庚金과 乙木 중에서 천간에 있는 글자가 없다.
- 격을 정할 수 없다.

028

壬	壬	癸	辛
寅	寅	巳	未

- 월지 巳에서 丙火, 戊土, 癸水가 건록이다.
- 丙火, 戊土, 癸水 중에서 월간에 癸水 겁재가 있다.
- 겁재격이다.

029

己	乙	己	癸
卯	未	未	丑

- 월지 未에서 丙火, 戊土, 癸水가 쇠이다.

- 丙火, 戊土, 癸水 중에서 연간에 癸水 편인이 있다.
- 편인격이다.
- 더 확산 더 상승하는 癸水의 속성을 살려야 한다.

030			
癸	戊	戊	乙
亥	午	子	亥

- 월지 子에서 壬水와 丁火와 己土가 제왕이다.
- 壬水, 丁火, 己土 중에서 천간에 있는 글자가 없다.
- 격을 정할 수 없다.

031			
庚	丙	辛	辛
寅	申	卯	亥

- 월지 卯에서 甲木과 辛金이 제왕이다.
- 甲木과 辛金 중에서 연·월간에 辛金 정재가 있다.
- 정재격이다.
- 辛金은 확산 상승하는 속성을 가지고 있다.

032			
癸	丙	戊	癸
巳	寅	午	亥

- 월지 午에서 丙火, 戊土, 癸水가 제왕이다.
- 丙火, 戊土, 癸水 모든 글자가 천간에 있다.
- 운의 흐름을 보면서 사용할 수 있는 글자를 골라야 한다.
- 戊土운이 오면 癸水를 쓰지 말고 戊土를 사용해야 한다.
- 癸水운이 오면 戊土를 쓰지 말고 癸水를 써야 한다.

033

丙	丁	癸	丙
午	巳	巳	午

- 월지 巳에서 丙火, 戊土, 癸水가 건록이다.
- 일간을 제외한 丙火, 癸水가 천간에 있다.
- 운의 흐름을 보면서 사용할 수 있는 글자를 골라야 한다.
- 丙火운이 오면 癸水를 쓰지 말고 丙火를 사용해야 한다.
- 癸水운이 오면 丙火를 쓰지 말고 癸水를 써야 한다.

034

辛	丙	丙	甲
卯	寅	子	戌

- 월지 子에서 壬水와 丁火와 己土가 제왕이다.
- 壬水, 丁火, 己土 중에서 천간에 있는 글자가 없다.
- 격을 정할 수 없다.

035

庚	庚	戊	戊
辰	辰	午	辰

- 월지 午에서 丙火, 戊土, 癸水가 제왕이다.
- 丙火, 戊土, 癸水 중에서 연·월간에 戊土 편인이 있다.
- 편인격이다.
- 더 확산 더 상승하는 戊土의 속성을 살려야 한다.

036

甲	戊	辛	壬
寅	子	亥	申

- 월지 亥에서 壬水와 丁火와 己土가 건록이다.
- 壬水, 丁火, 己土 중에서 壬水 편재가 있다.
- 편재격이다.

037

乙	壬	己	壬
巳	申	酉	寅

- 월지 酉에서 庚金과 乙木이 제왕이다.
- 庚金과 乙木 중에서 천간에 있는 글자를 격으로 잡는다.
- 시간에 乙木 상관이 월지 酉에서 제왕이다.

● 상관격이다.

● 응축 하강하는 乙木의 속성을 살려야 한다.

038

己 丙 丁 丁
丑 午 未 酉

● 월지 未에서 丙火, 戊土, 癸水가 쇠이다.

● 丙火, 戊土, 癸水 중에서 일간 丙火만 천간에 있다.

● 일간은 십신을 정하는 기준이므로 격으로 삼지 않는다.

● 격을 정할 수 없다.

039

戊 己 乙 戊
辰 酉 卯 戌

● 월지 卯에서 甲木과 辛金이 제왕이다.

● 甲木과 辛金 중에서 천간에 있는 글자가 없다.

● 격을 정할 수 없다.

040

庚 癸 辛 戊
申 巳 酉 辰

● 월지 酉에서 庚金과 乙木이 제왕이다.

- 庚金과 乙木 중에서 시간에 庚金 정인이 천간에 있다.
- 정인격(인수격)이다.
- 응축 하강하는 庚金의 속성을 살려야 한다.

041

壬	壬	己	甲
寅	申	巳	寅

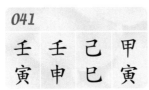

- 월지 巳에서 丙火, 戊土, 癸水가 건록이다.
- 丙火, 戊土, 癸水 중에서 천간에 있는 글자가 없다.
- 격을 정할 수 없다.

042

戊	辛	乙	甲
戌	酉	亥	寅

- 월지 亥에서 壬水와 丁火와 己土가 건록이다.
- 壬水, 丁火, 己土 중에서 천간에 있는 글자가 없다.
- 격을 정할 수 없다.

043

壬	乙	戊	庚
午	丑	子	午

- 월지 子에서 壬水와 丁火와 己土가 제왕이다.

- 壬水, 丁火, 己土 중에서 壬水 정인이 있다.
- 정인격(인수격)이다.

044

甲	乙	庚	庚
申	丑	辰	午

- 월지 辰에서 甲木과 辛金이 쇠다.
- 甲木과 辛金 중에서 시간에 겁재 甲木이 있다.
- 겁재격이다.
- 일간과 겁재와의 경쟁은 운의 흐름을 보면서 신중히 결정해야 한다.
- 무조건 덤비다가 큰 코 다칠 수 있다.

045

辛	庚	辛	癸
巳	申	酉	酉

- 월지 酉에서 庚金과 乙木이 제왕이다.
- 庚金과 乙木 중에서 일간에 庚金이 제왕이다.
- 일간을 기준으로 다른 십신을 격으로 잡으므로 격이 없다.
- 酉월에 庚金은 양인격으로 부른다.
- 庚金과 辛金을 구분하지 못하고 金이 많다고 하면 안 된다.

046

辛	庚	丙	癸
巳	申	辰	酉

- 월지 辰에서 甲木과 辛金이 쇠이다.
- 甲木과 辛金 중에서 시간에 辛金 겁재가 있다.
- 겁재격이다.
- 겁재격은 승부욕이 강하다.
- 승부를 할 때는 운의 흐름을 보면서 신중하게 행동해야 한다.

047

辛	丙	辛	己
卯	戌	未	巳

- 월지 未에서 丙火, 戊土, 癸水가 쇠이다.
- 丙火, 戊土, 癸水 중에서 일간에 丙火가 있다.
- 일간은 격으로 정하지 않으므로 격이 없다.
- 격은 일간을 기준으로 다른 천간의 십신으로 정한다.

048

壬	辛	戊	癸
辰	巳	午	酉

- 월지 午에서 丙火, 戊土, 癸水가 제왕이다.

- 丙火, 戊土, 癸水 중에서 연·월간에 癸水와 戊土가 있다.
- 정인격과 식신격이다.
- 운의 흐름을 보면서 사용할 글자를 정해야 한다.
- 戊土가 강해지면 戊土를 사용하고, 癸水가 강해지면 癸水를 사용한다.

049

丁	癸	丙	庚
巳	亥	戌	午

- 월지 戌에서 庚金과 乙木이 쇠이다.
- 庚金과 乙木 중에서 庚金 정인이 연간에 있다.
- 정인격(인수격)이다.
- 응축 하강하는 庚金의 속성을 살려 정인을 사용해야 한다.

050

丙	癸	癸	庚
辰	巳	未	午

- 월지 未에서 丙火, 戊土, 癸水가 쇠이다.
- 丙火, 戊土, 癸水 중에서 癸水와 丙火가 있다.
- 비견 癸水와 丙火 정재가 쇠이다.
- 비견격과 정재격이다.
- 운의 흐름을 보면서 사용할 글자를 정해야 한다.

051

己	丁	甲	庚
酉	卯	申	午

- 월지 申에서 庚金과 乙木이 건록이다.
- 庚金과 乙木 중에서 연간에 庚金 정재가 천간에 있다.
- 정재격이다.
- 응축 하강하는 庚金의 속성을 살려야 한다.

052

戊	庚	辛	丁
寅	申	亥	巳

- 월지 亥에서 壬水와 丁火와 己土가 건록이다.
- 壬水, 丁火, 己土 중에서 丁火 정관이 천간에 있다.
- 정관격이다.

053

丙	戊	丙	丙
辰	寅	申	戌

- 월지 申에서 庚金과 乙木이 건록이다.
- 庚金과 乙木 중에서 천간에 있는 글자가 없다.
- 격을 정할 수 없다.
- 격은 누구나 인정할 수 있는 세력이다.

054

己	丁	戊	乙
酉	卯	子	亥

- 월지 子에서 壬水와 丁火와 己土가 제왕이다.
- 壬水, 丁火, 己土 중에서 일간 丁火와 시간 식신 己土가 있다.
- 격은 일간을 기준으로 정하므로 식신격이다.
- 일간은 십신을 정하는 기준이 된다.

055

甲	甲	甲	甲
戌	戌	戌	戌

- 월지 戌에서 庚金과 乙木이 쇠이다.
- 庚金과 乙木 중에서 천간에 있는 글자가 없다.
- 격을 정할 수 없다.

056

戊	己	甲	己
辰	未	戌	丑

- 월지 戌에서 庚金과 乙木이 쇠이다.
- 庚金과 乙木 중에서 천간에 있는 글자가 없다.
- 격을 정할 수 없다.

057

丙	甲	甲	辛
寅	戌	午	亥

- 월지 午에서 丙火, 戊土, 癸水가 제왕이다.
- 丙火, 戊土, 癸水 중에서 시간에 丙火 식신이 있다.
- 식신격이다.
- 식신을 더 확산 더 상승하는 방향으로 사용해야 한다.

058

戊	戊	庚	乙
午	辰	辰	亥

- 월지 辰에서 甲木과 辛金이 쇠이다.
- 甲木과 辛金 중에서 천간에 있는 글자가 없다.
- 격을 정할 수 없다

059

丙	庚	壬	壬
子	子	寅	午

- 월지 寅에서 甲木과 辛金이 건록이다.
- 甲木과 辛金 중에서 천간에 있는 글자가 없다.
- 격을 정할 수 없다.

060

癸 壬 己 庚
卯 辰 丑 辰

- 월지 丑에서 壬水와 丁火와 己土가 쇠이다.
- 壬水, 丁火, 己土 중에서 일간 壬水와 월간 己土 정관이 있다.
- 격은 일간을 기준으로 정하므로 정관격이다.
- 일간은 십신을 정하는 기준이 된다.

061

乙 乙 甲 丁
酉 酉 辰 丑

- 월지 辰에서 甲木과 辛金이 쇠이다.
- 甲木과 辛金 중에서 월간에 甲木 겁재가 있다.
- 겁재격이다.
- 겁재와의 승부는 운을 보면서 신중을 기해야 한다.

062

壬 辛 甲 丙
辰 巳 午 戌

- 월지 午에서 丙火, 戊土, 癸水가 제왕이다.
- 丙火, 戊土, 癸水 중에서 연간에 정관 丙火가 있다.
- 정관격이다.

063

壬	辛	丙	丁
辰	酉	午	未

- 월지 午에서 丙火, 戊土, 癸水가 제왕이다.
- 丙火, 戊土, 癸水 중에서 월간에 정관 丙火가 있다.
- 정관격이다.

064

丙	甲	癸	丙
寅	子	巳	午

- 월지 巳에서 丙火, 戊土, 癸水가 건록이다.
- 년·시간에 丙火 그리고 월간에 癸水가 있다.
- 어느 글자를 사용하느냐는 운의 천간을 보고 결정한다.
- 운에서 오는 글자와 가까이 있는 글자가 힘이 있다.

065

乙	己	辛	癸
亥	卯	酉	酉

- 월지 酉에서 庚金과 乙木이 제왕이다.
- 庚金과 乙木 중에서 시간에 乙木 편관이 있다.
- 편관격(칠살격)이다.
- 응축 하강하는 乙木의 속성을 살려야 한다.

066

丁	乙	乙	乙
丑	卯	酉	亥

- 월지 酉에서 庚金과 乙木이 제왕이다.
- 庚金과 乙木 중에서 乙木이 연·월간과 일간에 있다.
- 비견들이 제왕이다.
- 응축 하강하는 비견들의 경쟁이 치열하다.

067

戊	丙	甲	壬
戌	戌	辰	辰

- 월지 辰에서 甲木과 辛金이 쇠이다.
- 甲木과 辛金 중에서 월간에 편인 甲木이 있다.
- 편인격이다.
- 확산 상승하는 甲木의 속성을 살려야 한다.

068

辛	壬	戊	丙
丑	戌	戌	寅

- 월지 戌에서 庚金과 乙木이 쇠이다.
- 庚金과 乙木 중에서 천간에 있는 글자가 없다.
- 격을 정할 수 없다.

069

庚	丁	甲	戊
戌	未	子	戌

- 월지 子에서 壬水와 丁火와 己土가 제왕이다.
- 壬水, 丁火, 己土 중에서 일간 丁火가 있다.
- 일간 丁火는 제왕이다.
- 록왕쇠에 해당하는 천간이 없으므로 격을 정할 수 없다.

070

庚	丙	乙	甲
寅	戌	亥	申

- 월지 亥에서 壬水와 丁火와 己土가 건록이다.
- 壬水, 丁火, 己土 중에서 천간에 있는 글자가 없다.
- 격을 정할 수 없다.

071

己	甲	戊	丙
巳	戌	戌	寅

- 월지 戌에서 庚金과 乙木이 쇠이다.
- 庚金과 乙木 중에서 천간에 있는 글자가 없다.
- 격을 정할 수 없다.

072

甲 辛 壬 乙
午 酉 午 亥

- 월지 午에서 丙火, 戊土, 癸水가 제왕이다.
- 丙火, 戊土, 癸水 중에서 천간에 있는 글자가 없다.
- 격을 정할 수 없다.

073

壬 辛 乙 丙
辰 未 未 午

- 월지 未에서 丙火, 戊土, 癸水가 쇠이다.
- 丙火, 戊土, 癸水 중에서 연간에 정관 丙火가 있다.
- 정관격이다.
- 더 확산 더 상승하는 丙火의 속성을 지켜야 한다.

074

丁 癸 壬 乙
巳 卯 午 丑

- 월지 午에서 丙火, 戊土, 癸水가 제왕이다.
- 丙火, 戊土, 癸水 중에서 천간에 있는 글자가 없다.
- 격을 정할 수 없다.

075

乙	癸	丙	戊
卯	巳	辰	午

- 월지 辰에서 甲木과 辛金이 쇠이다.
- 甲木과 辛金 중에서 천간에 있는 글자가 없다.
- 격을 정할 수 없다.

076

癸	壬	甲	癸
卯	申	子	亥

- 월지 子에서 壬水와 丁火와 己土가 제왕이다.
- 壬水, 丁火, 己土 중에서 일간 壬水가 있다.
- 일간 壬水는 월지 子에서 제왕이다.
- 록왕쇠에 해당하는 천간이 없으므로 격을 정할 수 없다.

077

戊	乙	戊	庚
寅	亥	子	子

- 월지 子에서 壬水와 丁火와 己土가 제왕이다.
- 壬水, 丁火, 己土 중에서 천간에 있는 글자가 없다.
- 격을 정할 수 없다.

078

辛	壬	甲	己
丑	寅	戌	未

- 월지 戌에서 庚金과 乙木이 쇠이다.
- 庚金과 乙木 중에서 천간에 있는 글자가 없다.
- 격을 정할 수 없다.

079

丁	癸	乙	戊
巳	丑	丑	辰

- 월지 丑에서 壬水와 丁火와 己土가 쇠이다.
- 壬水, 丁火, 己土 중에서 丁火 편재가 있다.
- 편재격이다.
- 丁火는 더 응축 더 하강하는 속성이 있다.

080

丙	乙	己	癸
子	卯	未	丑

- 월지 未에서 丙火, 戊土, 癸水가 쇠이다.
- 丙火, 戊土, 癸水 중에서 편인 癸水와 상관 丙火가 천간에 있다.
- 편인격이나 상관격이다.
- 癸水와 丙火 중에서 운의 흐름을 보며 사용해야 한다.

081

癸	己	丙	甲
酉	卯	寅	子

- 월지 寅에서 甲木과 辛金이 건록이다.
- 甲木과 辛金 중에서 연간에 甲木 정관이 있다.
- 정관격이다.

082

庚	丙	辛	辛
寅	子	卯	酉

- 월지 卯에서 甲木과 辛金이 제왕이다.
- 甲木과 辛金 중에서 연·월간에 정재 辛金이 있다.
- 정재격이다.

083

癸	戊	癸	壬
丑	子	卯	子

- 월지 卯에서 甲木과 辛金이 제왕이다.
- 甲木과 辛金 중에서 천간에 있는 글자가 없다.
- 격을 정할 수 없다.

084

甲	癸	庚	辛
寅	酉	子	卯

- 월지 子에서 壬水와 丁火와 己土가 제왕이다.
- 壬水, 丁火, 己土 중에서 천간에 있는 글자가 없다.
- 격을 정할 수 없다.

085

丙	辛	丁	庚
申	酉	亥	辰

- 월지 亥에서 壬水와 丁火와 己土가 건록이다.
- 壬水, 丁火, 己土 중에서 월간 丁火 편관이 있다.
- 편관격(칠살격)이다.

086

戊	癸	壬	乙
午	酉	午	酉

- 월지 午에서 丙火, 戊土, 癸水가 제왕이다.
- 丙火, 戊土, 癸水 중에서 戊土와 癸水가 일·시간에 있다.
- 일간은 십신을 정하는 기준이므로 격으로 정하지 않는다.
- 정관격이다.

087

庚	壬	壬	乙
子	午	午	未

- 월지 午에서 丙火, 戊土, 癸水가 제왕이다.
- 丙火, 戊土, 癸水 중에서 천간에 있는 글자가 없다.
- 격을 정할 수 없다.

088

乙	丙	戊	己
未	戌	辰	巳

- 월지 辰에서 甲木과 辛金이 쇠이다.
- 甲木과 辛金 중에서 천간에 있는 글자가 없다.
- 격을 정할 수 없다.

089

己	丙	辛	甲
丑	戌	未	戌

- 월지 未에서 丙火, 戊土, 癸水가 쇠이다.
- 丙火, 戊土, 癸水 중에서 천간에 있는 글자가 없다.
- 격을 정할 수 없다.

090

戊	乙	甲	辛
寅	巳	午	酉

- 월지 午에서 丙火, 戊土, 癸水가 제왕이다.
- 丙火, 戊土, 癸水 중에서 시간에 정재 戊土가 있다.
- 정재격이다.
- 더 확산 더 상승하는 戊土의 속성을 지켜야 한다.

091

癸	甲	丁	丁
酉	戌	未	未

- 월지 未에서 丙火, 戊土, 癸水가 쇠이다.
- 丙火, 戊土, 癸水 중에서 시간에 癸水 정인이 있다.
- 정인격(인수격)이다.
- 癸水는 더 확산 더 상승하는 속성을 가지고 있다.

092

癸	癸	癸	壬
丑	酉	卯	申

- 월지 卯에서 甲木과 辛金이 제왕이다.
- 甲木과 辛金 중에서 천간에 있는 글자가 없다.
- 격을 정할 수 없다

093

壬	己	辛	己
申	巳	未	丑

- 월지 未에서 丙火, 戊土, 癸水가 쇠이다.
- 丙火, 戊土, 癸水 중에서 천간에 있는 글자가 없다.
- 격을 정할 수 없다.

094

乙	丁	丙	己
巳	未	寅	巳

- 월지 寅에서 甲木과 辛金이 건록이다.
- 甲木과 辛金 중에서 천간에 있는 글자가 없다.
- 격을 정할 수 없다

095

己	丙	丙	甲
丑	寅	寅	子

- 월지 寅에서 甲木과 辛金이 건록이다.
- 甲木과 辛金 중에서 연간에 편인 甲木이 있다.
- 편인격이다.
- 甲木은 확산 상승으로 사용해야 한다.

096

丁	甲	辛	丙
卯	辰	卯	寅

- 월지 卯에서 甲木과 辛金이 제왕이다.
- 甲木과 辛金 중에서 월간에 辛金 정관이 있다.
- 일간 甲木도 월지 卯에서 제왕이다.
- 확산 상승하는 속성을 가진 정관격이다.

097

丁	乙	壬	乙
亥	亥	午	卯

- 월지 午에서 丙火, 戊土, 癸水가 제왕이다.
- 丙火, 戊土, 癸水 중에서 천간에 있는 글자가 없다.
- 격을 정할 수 없다.

098

丁	己	戊	壬
卯	巳	申	戌

- 월지 申에서 庚金과 乙木이 건록이다.
- 庚金과 乙木 중에서 천간에 있는 글자가 없다.
- 격을 정할 수 없다.

099

丁	戊	壬	己
巳	戌	申	巳

- 월지 申에서 庚金과 乙木이 건록이다.
- 庚金과 乙木 중에서 천간에 있는 글자가 없다.
- 격을 정할 수 없다.

100

戊	辛	辛	丁
子	亥	亥	卯

- 월지 亥에서 壬水와 丁火와 己土가 건록이다.
- 壬水, 丁火, 己土 중에서 丁火 편관이 있다.
- 편관격이다.
- 더 응축 더 하강하는 丁火의 속성을 살려야 한다.

15

운이 寅卯辰으로 갈 때 인성의 흐름

운이 寅卯辰으로 갈 때 인성〔명예, 승진, 합격, 자격증, 학위 등〕은 어떤 모습으로 변해 가는지 설명해 보자.

01

壬	癸	戊	辛	
戌	丑	戌	未	← 대운이 寅卯辰

- 인성은 庚金과 辛金이다.
- 庚金은 정인이고 辛金은 편인이다.
- 정인 庚金은 대운 寅卯辰에서 절태양이다.
- 편인 辛金은 寅卯辰에서 록왕쇠이다.
- 천간에 庚金은 없고, 연간에 편인 辛金이 있다.

02

癸	戊	甲	戊
亥	戌	子	午

- 인성은 丙火와 丁火이다.
- 丙火는 편인이고 丁火는 정인이다.
- 편인 丙火는 寅卯辰에서 생욕대이다.
- 정인 丁火는 寅卯辰에서 병사묘이다.
- 丙火와 丁火가 모두 천간에 없다.

03

甲	戊	乙	戊
寅	戌	卯	寅

- 인성은 丙火와 丁火이다.
- 丙火는 편인이고 丁火는 정인이다.
- 편인 丙火는 寅卯辰에서 생욕대이다.
- 정인 丁火는 寅卯辰에서 병사묘이다.
- 丙火와 丁火가 모두 천간에 없다.

04

丁	壬	壬	庚
未	戌	午	申

- 인성은 庚金과 辛金이다.
- 庚金은 편인이고 辛金은 정인이다.
- 편인 庚金은 대운 寅卯辰에서 절태양이다.
- 정인 辛金은 寅卯辰에서 록왕쇠이다.
- 천간에 辛金은 없고, 연간에 편인 庚金이 있다.

05

辛	庚	甲	壬
巳	戌	辰	申

- 인성은 戊土와 己土이다.
- 戊土는 편인이고 己土는 정인이다.
- 편인 戊土는 대운 寅卯辰에서 생욕대이다.
- 생욕대는 출근하는 시기로 일이 점차 늘어난다.
- 정인 己土는 대운 寅卯辰에서 병사묘이다.
- 병사묘는 퇴근하는 시기로 일을 마무리해야 한다.
- 천간에 戊土와 己土가 모두 없다.

06

丁	庚	丙	丙
丑	辰	申	寅

- 인성은 戊土와 己土이다.
- 戊土는 편인이고 己土는 정인이다.
- 편인 戊土는 대운 寅卯辰에서 생욕대이다.
- 생욕대는 출근하는 시기로 일이 점차 늘어난다.
- 정인 己土는 대운 寅卯辰에서 병사묘이다.
- 병사묘는 퇴근하는 시기로 일을 마무리해야 한다.
- 천간에 戊土와 己土가 모두 없다.

07

庚	壬	壬	丁
戌	辰	寅	卯

- 인성은 庚金과 辛金이다.
- 庚金은 편인이고 辛金은 정인이다.
- 편인 庚金은 대운 寅卯辰에서 절태양이다.
- 정인 辛金은 寅卯辰에서 록왕쇠이다.
- 천간에 辛金은 없고, 시간에 편인 庚金이 있다.

08

庚	庚	己	癸
辰	戌	未	亥

- 인성은 戊土와 己土이다.
- 戊土는 편인이고 己土는 정인이다.
- 편인 戊土는 대운 寅卯辰에서 생욕대이다.
- 월간에 정인 己土가 있다.
- 정인 己土는 대운 寅卯辰에서 병사묘이다.
- 병사묘는 퇴근하는 시기로 일을 마무리해야 한다.

09

乙	癸	辛	壬
卯	巳	亥	戌

- 인성은 庚金과 辛金이다.
- 庚金은 정인이고 辛金은 편인이다.
- 정인 庚金은 대운 寅卯辰에서 절태양이다.
- 천간에 庚金은 없고, 월간에 편인 辛金이 있다.
- 寅卯辰 운에 辛金 편인은 록왕쇠이다.
- 록왕쇠는 가장 바쁘게 일해야 할 시기이다.
- 운이 왔을 때 운을 놓치지 말아야 한다.

10

丙	戊	戊	甲
辰	子	辰	寅

- 인성은 丙火와 丁火이다.
- 丙火는 편인이고 丁火는 정인이다.
- 편인 丙火는 寅卯辰에서 생욕대이다.
- 정인 丁火는 寅卯辰에서 병사묘이다.
- 시간에 편인 丙火가 천간에 있다.
- 생욕대는 출근하는 것처럼 일이 점점 많아진다.
- 더 확산 더 상승하는 丙火의 속성을 지켜야 한다.

11

己	丙	癸	甲
丑	申	酉	子

- 인성은 甲木과 乙木이다.
- 甲木은 편인이고 乙木은 정인이다.
- 편인 甲木은 寅卯辰에서 록왕쇠이다.
- 정인 乙木은 寅卯辰에서 절태양이다.
- 연간에 편인 甲木이 있다.
- 寅卯辰 운에 편인 甲木은 록왕쇠이다.
- 록왕쇠는 가장 열심히 바쁘게 일할 시기이다.

● 甲木의 확산 상승하는 속성을 지켜야 한다.

12

戊	壬	丙	丙
申	辰	申	辰

● 인성은 庚金과 辛金이다.

● 庚金은 편인이고 辛金은 정인이다.

● 편인 庚金은 대운 寅卯辰에서 절태양이다.

● 정인 辛金은 寅卯辰에서 록왕쇠이다.

● 천간에 庚金과 辛金 모두 없다.

13

庚	癸	乙	戊
申	丑	卯	寅

● 인성은 庚金과 辛金이다.

● 庚金은 정인이고 辛金은 편인이다.

● 정인 庚金은 대운 寅卯辰에서 절태양이다.

● 편인 辛金은 寅卯辰에서 록왕쇠이다.

● 천간에 辛金은 없고, 시간에 정인 庚金이 있다.

● 庚金은 寅卯辰 운에 절태양이다.

● 절태양은 시골이나 변두리에서 조용히 지내면 된다.

14

丙	甲	癸	己
寅	申	酉	巳

- 인성은 壬水와 癸水이다.
- 壬水는 편인이고 癸水는 정인이다.
- 편인 壬水는 寅卯辰에서 병사묘이다.
- 정인 癸水는 寅卯辰에서 생욕대이다.
- 월간에 정인 癸水가 있다.
- 생욕대는 점차 일이 늘어나는 시기이다.
- 癸水의 더 확산 더 상승하는 속성을 지켜야 한다.

15

戊	丙	癸	戊
子	子	亥	辰

- 인성은 甲木과 乙木이다.
- 甲木은 편인이고 乙木은 정인이다.
- 편인 甲木은 寅卯辰에서 록왕쇠이다.
- 정인 乙木은 寅卯辰에서 절태양이다.
- 천간에 甲木과 乙木이 없다.

16

甲	己	丁	壬
子	卯	未	申

- 인성은 丙火와 丁火이다.
- 丙火는 정인이고 丁火는 편인이다.
- 정인 丙火는 寅卯辰에서 생욕대이다.
- 월간에 丁火 편인이 있다.
- 편인 丁火는 寅卯辰 운에 병사묘이다.
- 병사묘의 시기에는 일을 줄이면서 마무리해야 한다.

17

甲	丁	乙	己
辰	亥	亥	酉

- 인성은 甲木과 乙木이다.
- 甲木은 정인이고 乙木은 편인이다.
- 편인 乙木은 寅卯辰에서 절태양이다.
- 정인 甲木은 寅卯辰에서 록왕쇠이다.
- 甲木과 乙木이 모두 천간에 있다.
- 운의 흐름을 보면서 甲木과 乙木을 적절히 사용해야 한다.

18

庚	乙	庚	丙
辰	巳	子	辰

- 인성은 壬水와 癸水이다.
- 壬水는 정인이고 癸水는 편인이다.
- 정인 壬水는 寅卯辰에서 병사묘이다.
- 편인 癸水는 寅卯辰에서 생욕대이다.
- 천간에 壬水와 癸水 모두 없다.
- 천간에 없는 글자는 타고난 욕심이나 의욕이 없다.

19

乙	丁	丁	癸
巳	亥	巳	亥

- 인성은 甲木과 乙木이다.
- 甲木은 정인이고 乙木은 편인이다.
- 시간에 편인 乙木이 있다.
- 편인 乙木은 寅卯辰에서 절태양이다.
- 절태양 시기에는 휴식, 충전하듯이 느긋하게 일해야 한다.
- 정인 甲木은 寅卯辰에서 록왕쇠이다.

20

壬	辛	戊	丙
辰	巳	戌	子

- 인성은 戊土와 己土이다.
- 戊土는 정인이고 己土는 편인이다.
- 정인 戊土는 대운 寅卯辰에서 생욕대이다.
- 편인 己土는 대운 寅卯辰에서 병사묘이다.
- 월간에 정인 戊土가 있다.
- 생욕대는 일을 점차 늘려가는 시기이다.
- 서서히 바빠지는 시기이다.

21

甲	甲	壬	己
戌	寅	申	巳

- 인성은 壬水와 癸水이다.
- 壬水는 편인이고 癸水는 정인이다.
- 편인 壬水는 寅卯辰에서 병사묘이다.
- 정인 癸水는 寅卯辰에서 생욕대이다.
- 월간에 편인 壬水가 있다.
- 편인 壬水는 寅卯辰 운에 병사묘이다.
- 병사묘는 일을 줄여가야 할 시기이다.

● 壬水는 더 응축 더 하강하는 속성이 있다.

22

癸	甲	丁	庚
酉	寅	亥	申

● 인성은 壬水와 癸水이다.

● 壬水는 편인이고 癸水는 정인이다.

● 편인 壬水는 寅卯辰에서 병사묘이다.

● 시간에 정인 癸水가 있다.

● 정인 癸水는 寅卯辰에서 생욕대이다.

● 생욕대는 일이 점차 많아지는 시기이다.

23

庚	丁	丙	壬
戌	巳	午	戌

● 인성은 甲木과 乙木이다.

● 甲木은 정인이고 乙木은 편인이다.

● 편인 乙木은 寅卯辰에서 절태양이다.

● 정인 甲木은 寅卯辰에서 록왕쇠이다.

● 천간에 甲木과 乙木 모두 없다.

24

己	丁	甲	辛
酉	巳	午	酉

- 인성은 甲木과 乙木이다.
- 甲木은 정인이고 乙木은 편인이다.
- 편인 乙木은 寅卯辰에서 절태양이다.
- 월간에 정인 甲木이 있다.
- 정인 甲木은 寅卯辰에서 록왕쇠이다.
- 록왕쇠는 가장 바쁘게 일하는 시기이다.

25

己	辛	戊	丁
丑	亥	申	未

- 인성은 戊土와 己土이다.
- 戊土는 정인이고 己土는 편인이다.
- 정인 戊土는 대운 寅卯辰에서 생욕대이다.
- 편인 己土는 대운 寅卯辰에서 병사묘이다.
- 월간과 시간에 戊土와 己土가 모두 있다.
- 운의 흐름에 따라 戊土와 己土 중에 선택해서 사용해야 한다.
- 천간의 속성을 잘 지켜야 탈이 없다.

26

甲	辛	甲	丁
午	亥	辰	未

- 인성은 戊土와 己土이다.
- 戊土는 정인이고 己土는 편인이다.
- 정인 戊土는 대운 寅卯辰에서 생욕대이다.
- 편인 己土는 대운 寅卯辰에서 병사묘이다.
- 천간에 戊土와 己土가 없다.
- 천간에 없는 글자는 추구하는 마음이 없다.

27

戊	己	甲	癸
辰	未	子	未

- 인성은 丙火와 丁火이다.
- 丙火는 정인이고 丁火는 편인이다.
- 정인 丙火는 寅卯辰 운에서 생욕대이다.
- 편인 丁火는 寅卯辰 운에서 병사묘이다.
- 천간에 丙火와 丁火가 없다.

28

乙	戊	丙	壬
卯	戌	午	申

- 인성은 丙火와 丁火이다.
- 丙火는 편인이고 丁火는 정인이다.
- 편인 丙火는 寅卯辰에서 생욕대이다.
- 정인 丁火는 寅卯辰에서 병사묘이다.
- 월간에 편인 丙火가 천간에 있다.
- 생욕대는 출근하는 것처럼 일이 점점 많아진다.
- 더 확산 더 상승하는 丙火의 속성을 지켜야 한다.

29

乙	癸	壬	甲
卯	亥	申	子

- 인성은 庚金과 辛金이다.
- 庚金은 정인이고 辛金은 편인이다.
- 정인 庚金은 대운 寅卯辰에서 절태양이다.
- 편인 辛金은 寅卯辰에서 록왕쇠이다.
- 천간에 庚金과 辛金 모두 없다.

30

癸	丁	癸	癸
卯	巳	亥	丑

- 인성은 甲木과 乙木이다.
- 甲木은 정인이고 乙木은 편인이다.
- 편인 乙木은 寅卯辰에서 절태양이다.
- 정인 甲木은 寅卯辰에서 록왕쇠이다.
- 천간에 甲木과 乙木 모두 없다.
- 천간에 없는 글자는 타고난 욕망이 없다.
- 팔자에 없더라도 운의 흐름에 맞춰 甲木이나 乙木을 사용하면 된다.

31

丙	丙	戊	辛
申	辰	戌	未

- 인성은 甲木과 乙木이다.
- 甲木은 편인이고 乙木은 정인이다.
- 편인 甲木은 寅卯辰에서 록왕쇠이다.
- 정인 乙木은 寅卯辰에서 절태양이다.
- 천간에 甲木과 乙木이 없다.

32

戊	戊	癸	己
午	申	未	亥

- 인성은 丙火와 丁火이다.
- 丙火는 편인이고 丁火는 정인이다.
- 편인 丙火는 寅卯辰에서 생욕대이다.
- 정인 丁火는 寅卯辰에서 병사묘이다.
- 천간에 丙火와 丁火가 모두 없다.

33

甲	己	乙	辛
戌	未	未	未

- 인성은 丙火와 丁火이다.
- 丙火는 정인이고 丁火는 편인이다.
- 정인 丙火는 寅卯辰 운에 생욕대이다.
- 편인 丁火는 寅卯辰 운에 병사묘이다.
- 丙火와 丁火가 천간에 없다.

34

丙	辛	庚	戊
申	巳	申	辰

- 인성은 戊土와 己土이다.
- 戊土는 정인이고 己土는 편인이다.
- 정인 戊土는 대운 寅卯辰에서 생욕대이다.
- 편인 己土는 대운 寅卯辰에서 병사묘이다.
- 연간에 정인 戊土가 있다.
- 생욕대는 일을 점차 늘려가는 시기이다.
- 서서히 바빠지는 시기이다.

35

甲	己	丁	壬
子	卯	未	申

- 인성은 丙火와 丁火이다.
- 丙火는 정인이고 丁火는 편인이다.
- 정인 丙火는 寅卯辰 운에 생욕대이다.
- 월간에 丁火 편인이 있다.
- 편인 丁火는 寅卯辰 운에 병사묘이다.
- 병사묘의 시기에는 일을 줄이면서 마무리해야 한다.

36

丁	甲	辛	乙
卯	寅	巳	卯

- 인성은 壬水와 癸水이다.
- 壬水는 편인이고 癸水는 정인이다.
- 편인 壬水는 寅卯辰에서 병사묘이다.
- 정인 癸水는 寅卯辰에서 생욕대이다.
- 천간에 壬水와 癸水 모두 없다.

37

己	壬	辛	丁
酉	子	亥	卯

- 인성은 庚金과 辛金이다.
- 庚金은 편인이고 辛金은 정인이다.
- 편인 庚金은 대운 寅卯辰에서 절태양이다.
- 월간에 辛金 정인이 있다.
- 정인 辛金은 寅卯辰에서 록왕쇠이다.

38

甲	甲	戊	庚
戌	子	子	申

- 인성은 壬水와 癸水이다.
- 壬水는 편인이고 癸水는 정인이다.
- 편인 壬水는 寅卯辰에서 병사묘이다.
- 정인 癸水는 寅卯辰에서 생욕대이다.
- 천간에 壬水와 癸水 모두 없다.

39

庚	己	己	己
午	巳	巳	巳

- 인성은 丙火와 丁火이다.
- 丙火는 정인이고 丁火는 편인이다.
- 정인 丙火는 寅卯辰 운에 생욕대이다.
- 편인 丁火는 寅卯辰 운에 병사묘이다.
- 丙火와 丁火, 즉 인성이 천간에 없다.

40

己	庚	辛	甲
卯	申	未	寅

- 인성은 戊土와 己土이다.
- 戊土는 편인이고 己土는 정인이다.
- 편인 戊土는 대운 寅卯辰에서 생욕대이다.
- 시간에 정인 己土가 있다.
- 정인 己土는 대운 寅卯辰에서 병사묘이다.
- 병사묘는 퇴근하는 시기로 일을 마무리해야 한다.

41

庚	壬	癸	癸
戌	寅	亥	亥

- 인성은 庚金과 辛金이다.
- 庚金은 편인이고 辛金은 정인이다.
- 편인 庚金은 대운 寅卯辰에서 절태양이다.
- 정인 辛金은 寅卯辰에서 록왕쇠이다.
- 寅卯辰에서 절태양인 편인 庚金이 시간에 있다.

42

戊	戊	乙	壬
午	寅	巳	申

- 인성은 丙火와 丁火이다.
- 丙火는 편인이고 丁火는 정인이다.
- 편인 丙火는 寅卯辰에서 생욕대이다.
- 정인 丁火는 寅卯辰에서 병사묘이다.
- 천간에 丙火와 丁火가 모두 없다.

43

辛	庚	丁	己
巳	辰	卯	巳

- 인성은 戊土와 己土이다.
- 戊土는 편인이고 己土는 정인이다.
- 편인 戊土는 대운 寅卯辰에서 생욕대이다.
- 연간에 정인 己土가 있다.
- 정인 己土는 대운 寅卯辰에서 병사묘이다.
- 병사묘는 퇴근하는 시기로 일을 마무리해야 한다.

44

丙 丙 甲 乙
申 戌 申 亥

- 인성은 甲木과 乙木이다.
- 甲木은 편인이고 乙木은 정인이다.
- 편인 甲木은 寅卯辰에서 록왕쇠이다.
- 정인 乙木은 寅卯辰에서 절태양이다.
- 연간과 월간에 甲木과 乙木이 모두 있다.
- 운의 흐름을 보면서 甲木과 乙木 중에 선택해서 사용해야 한다.

45

甲 癸 丁 癸
寅 卯 巳 亥

- 인성은 庚金과 辛金이다.
- 庚金은 정인이고 辛金은 편인이다.
- 정인 庚金은 대운 寅卯辰에서 절태양이다.
- 편인 辛金은 寅卯辰에서 록왕쇠이다.
- 천간에 庚金과 辛金 모두 없다.

46

丁	戊	壬	乙
巳	寅	午	卯

- 인성은 丙火와 丁火이다.
- 丙火는 편인이고 丁火는 정인이다.
- 편인 丙火는 寅卯辰에서 생욕대이다.
- 정인 丁火는 寅卯辰에서 병사묘이다.
- 시간에 정인 丁火가 천간에 있다.
- 병사묘는 퇴근하는 것처럼 일을 줄이면서 마무리할 시기이다.
- 더 응축 더 하강하는 丁火의 속성을 지켜야 한다.

47

甲	癸	丁	癸
寅	巳	巳	亥

- 인성은 庚金과 辛金이다.
- 庚金은 정인이고 辛金은 편인이다.
- 정인 庚金은 대운 寅卯辰에서 절태양이다.
- 편인 辛金은 寅卯辰에서 록왕쇠이다.
- 천간에 庚金과 辛金 모두 없다.

48

甲	戊	戊	庚
寅	午	寅	申

- 인성은 丙火와 丁火이다.
- 丙火는 편인이고 丁火는 정인이다.
- 편인 丙火는 寅卯辰에서 생욕대이다.
- 정인 丁火는 寅卯辰에서 병사묘이다.
- 천간에 丙火와 丁火가 모두 없다.

49

己	庚	己	戊
卯	寅	未	戌

- 인성은 戊土와 己土이다.
- 戊土는 편인이고 己土는 정인이다.
- 편인 戊土는 대운 寅卯辰에서 생욕대이다.
- 월간과 시간에 두 개의 정인 己土가 있다.
- 연간에 편인 戊土가 있다.
- 정인 己土는 대운 寅卯辰에서 병사묘이다.
- 병사묘는 퇴근하는 시기로 일을 마무리해야 한다.

50

戊	庚	乙	癸
寅	申	丑	丑

- 인성은 戊土와 己土이다.
- 戊土는 편인이고 己土는 정인이다.
- 시간에 편인 戊土가 있다.
- 편인 戊土는 대운 寅卯辰에서 생욕대이다.
- 생욕대는 출근하는 시기로 일을 점차 늘려가야 한다.

16

운이 巳午未로 갈 때 관성의 흐름

운이 巳午未로 갈 때 관성〔직장, 조직생활 등〕은 어떤 모습으로 변해 가는지 설명해 보자.

01

壬	癸	戊	辛
戌	丑	戌	未

← 대운이 巳午未

- 관성은 戊土와 己土이다.
- 戊土는 정관이고 己土는 편관이다.
- 월간에 정관 戊土가 있다.
- 정관 戊土는 대운 巳午未에서 록왕쇠이다.
- 록왕쇠는 가장 바쁘게 일할 시기이다.

02

辛	丁	丁	丁
亥	未	未	丑

- 壬水는 정관이고 癸水는 편관이다.
- 천간에 壬水와 癸水가 없다.
- 대운 巳午未에서 壬水는 절태양이고, 癸水는 록왕쇠이다.
- 관성이 없다.
- 관을 추구하는 마음이 없다.

03

壬	壬	甲	丙
寅	午	午	寅

- 戊土는 편관이고 己土는 정관이다.
- 대운 巳午未에서 己土는 절태양이고, 戊土는 록왕쇠이다.
- 천간에 戊土와 己土가 없다.
- 巳午未 운에 편관 戊土가 록왕쇠이다.
- 록왕쇠는 가장 바쁘게 일하는 시기이다.

04

己	甲	丙	丁
巳	午	午	卯

- 庚金은 편관이고 辛金은 정관이다.
- 천간에 庚金과 辛金이 없다.
- 관성이 없다.
- 관을 추구하는 마음이 없다.
- 대운 巳午未에서 庚金은 생욕대이고, 辛金은 병사묘이다.

05

甲	辛	丁	甲
午	卯	卯	戌

- 丙火는 정관이고 丁火는 편관이다.
- 대운 巳午未에서 丙火는 록왕쇠이고, 丁火는 절태양이다.
- 월간에 편관 丁火가 있다.
- 丁火는 더 응축 더 하강하는 속성이 있다.

06

乙	丙	己	庚
未	午	卯	申

- 壬水는 편관이고 癸水는 정관이다.

- 대운 巳午未에서 壬水는 절태양이고, 癸水는 록왕쇠이다.
- 천간에 壬水와 癸水가 없다.
- 관성이 없다.
- 관을 추구하는 마음이 없다.
- 마음이 없어도 운의 흐름에 맞춰 사용해야 한다.

07

壬	乙	庚	戊
午	巳	申	辰

- 庚金은 정관이고 辛金은 편관이다.
- 대운 巳午未에서 庚金은 생욕대이고, 辛金은 병사묘이다.
- 월간에 정관 庚金이 있다.
- 庚金은 응축 하강하는 속성이 있다.
- 생욕대는 출근해서 일하는 것과 같다.
- 생욕대는 점차 일을 늘려가는 시기이다.

08

甲	甲	甲	戊
戌	申	寅	寅

- 庚金은 편관이고 辛金은 정관이다.
- 대운 巳午未에서 庚金은 생욕대이고, 辛金은 병사묘이다.

● 천간에 庚金과 辛金이 없다.

● 관성이 없다.

● 관을 추구하는 마음이 없다.

09

庚	壬	戊	丙
戌	寅	戌	午

● 戊土는 편관이고 己土는 정관이다.

● 월간에 편관 戊土가 있다.

● 대운 巳午未에서 편관 戊土는 록왕쇠이다.

● 록왕쇠는 가장 바쁘게 일할 시기이다.

10

辛	乙	庚	壬
巳	未	戌	寅

● 庚金은 정관이고 辛金은 편관이다.

● 대운 巳午未에서 庚金은 생욕대이고, 辛金은 병사묘이다.

● 월간에 정관 庚金과 시간에 편관 辛金이 있다.

● 생욕대는 출근해서 일하는 것과 같다.

● 병사묘는 퇴근하기 위해 일을 마무리하는 것과 같다.

11

戊	丙	戊	辛
子	寅	戌	亥

- 壬水는 편관이고 癸水는 정관이다.
- 대운 巳午未에서 壬水는 절태양이고, 癸水는 록왕쇠이다.
- 천간에 壬水와 癸水가 없다.
- 관성이 없으니 관을 추구하는 마음이 없다.
- 마음이 없어도 운의 흐름에 맞춰 사용해야 한다.

12

庚	辛	戊	庚
寅	丑	子	申

- 丙火는 정관이고 丁火는 편관이다.
- 대운 巳午未에서 丙火는 록왕쇠이고, 丁火는 절태양이다.
- 천간에 丙火와 丁火가 없다.
- 원국에 없어도 운에서 관을 사용할 수 있다.
- 운에 맞춰 사는 것이 현명하다.

13

辛	丁	甲	甲
亥	丑	戌	辰

- 壬水는 정관이고 癸水는 편관이다.
- 대운 巳午未에서 壬水는 절태양이고, 癸水는 록왕쇠이다.
- 천간에 壬水와 癸水가 없다.
- 관성이 없다.
- 관을 추구하는 마음이 없다.

14

辛	丁	丁	甲
亥	巳	丑	辰

- 壬水는 정관이고 癸水는 편관이다.
- 대운 巳午未에서 壬水는 절태양이고, 癸水는 록왕쇠이다.
- 천간에 壬水와 癸水가 없다.
- 관성이 없다.
- 관을 추구하는 마음이 없다.

15

乙	己	丙	癸
亥	酉	辰	未

- 甲木은 정관이고 乙木은 편관이다.
- 대운 巳午未에서 甲木은 병사묘이고, 乙木은 생욕대이다.
- 시간에 乙木 편관이 있다.
- 巳午未 운에 乙木 편관은 생욕대이다.
- 생욕대는 출근하여 일을 점차 늘려가는 시기이다.

16

庚	丙	戊	癸
寅	申	午	酉

- 壬水는 편관이고 癸水는 정관이다.
- 대운 巳午未에서 壬水는 절태양이고, 癸水는 록왕쇠이다.
- 연간에 癸水 정관이 있다.
- 巳午未 운에 癸水 정관은 록왕쇠이다.
- 록왕쇠는 가장 바쁘게 일하는 시기이다.
- 기회를 놓치면 안 된다.

17

乙	己	癸	己
亥	巳	酉	巳

- 甲木은 정관이고 乙木은 편관이다.
- 대운 巳午未에서 甲木은 병사묘이고, 乙木은 생욕대이다.
- 시간에 乙木 편관이 있다.
- 巳午未 운에 乙木 편관은 생욕대이다.
- 생욕대는 출근하여 일을 점차 늘려가는 시기이다.

18

丁	庚	甲	乙
亥	子	申	卯

- 丙火는 편관이고 丁火는 정관이다.
- 대운 巳午未에서 丙火는 록왕쇠이고, 丁火는 절태양이다.
- 시간에 정관 丁火가 있다.
- 巳午未 운에 丁火는 절태양이다.
- 절태양은 여유롭고 한가하게 일하는 시기이다.

19

壬	甲	辛	丁
申	寅	亥	卯

- 庚金은 편관이고 辛金은 정관이다.
- 대운 巳午未에서 庚金은 생욕대이고, 辛金은 병사묘이다.
- 월간에 정관 辛金이 있다.
- 巳午未 운에 辛金은 병사묘이다.
- 병사묘 운에서는 일을 마무리해야 한다.

20

丁	庚	己	庚
亥	申	卯	寅

- 丙火는 편관이고 丁火는 정관이다.
- 대운 巳午未에서 丙火는 록왕쇠이고, 丁火는 절태양이다.
- 시간에 정관 丁火가 있다.
- 巳午未 운에 丁火는 절태양이다.
- 절태양은 여유롭고 한가하게 일하는 시기이다.

21

甲	庚	甲	戊
申	寅	寅	辰

- 丙火는 편관이고 丁火는 정관이다.
- 丙火와 丁火가 천간에 없다.
- 원국에 없어도 운의 흐름에 맞게 관을 사용해야 한다.
- 대운 巳午未에서 丙火는 록왕쇠이고, 丁火는 절태양이다.

22

庚	壬	己	壬
戌	辰	酉	戌

- 戊土는 편관이고 己土는 정관이다.
- 월간에 정관 己土가 있다.
- 대운 巳午未에서 정관 己土는 절태양이다.
- 절태양은 느긋하고 여유있게 일할 시기이다.

23

己	丙	甲	戊
亥	申	寅	寅

- 壬水는 편관이고 癸水는 정관이다.
- 대운 巳午未에서 壬水는 절태양이고, 癸水는 록왕쇠이다.

- 천간에 壬水와 癸水가 없다.
- 관성이 없다.
- 관을 추구하는 마음이 없다.
- 마음에 없어도 운의 흐름에 맞춰 사용해야 한다.

24			
丁	甲	乙	己
卯	子	亥	巳

- 庚金은 편관이고 辛金은 정관이다.
- 대운 巳午未에서 庚金은 생욕대이고, 辛金은 병사묘이다.
- 천간에 庚金과 辛金이 없다.
- 관성이 없다.
- 관을 추구하는 마음이 없다.

25			
甲	壬	辛	癸
辰	辰	酉	亥

- 戊土는 편관이고 己土는 정관이다.
- 대운 巳午未에서 戊土는 록왕쇠이고, 己土는 절태양이다.
- 戊土와 己土가 천간에 없다.
- 천간에 없으면 하고 싶은 마음이 없다.
- 마음에 없어도 운에 맞춰 살아야 한다.

26

壬 癸 乙 丙
子 丑 未 辰

- 관성은 戊土와 己土이다.
- 대운 巳午未에서 戊土는 록왕쇠이고, 己土는 절태양이다.
- 戊土는 정관이고 己土는 편관이다.
- 천간에 戊土와 己土가 없다.
- 천간에 없으면 추구하는 마음이 없다.
- 원국에 없어도 巳午未 운에는 戊土 정관을 써야 한다.

27

戊 丁 戊 乙
申 丑 寅 巳

- 壬水는 정관이고 癸水는 편관이다.
- 대운 巳午未에서 壬水는 절태양이고, 癸水는 록왕쇠이다.
- 천간에 壬水와 癸水가 없다.
- 관성이 없다.
- 원국에 없어도 운의 흐름에 따라 써야 한다.

28

庚	辛	戊	戊
寅	卯	午	寅

- 丙火는 정관이고 丁火는 편관이다.
- 천간에 丙火와 丁火가 없다.
- 대운 巳午未에서 丙火는 록왕쇠이고, 丁火는 절태양이다.
- 원국에 없어도 운의 흐름에 따라 써야 한다.

29

乙	甲	壬	甲
丑	戌	申	子

- 庚金은 편관이고 辛金은 정관이다.
- 대운 巳午未에서 庚金은 생욕대이고, 辛金은 병사묘이다.
- 천간에 庚金과 辛金이 없다.
- 관성이 없다.
- 관을 추구하는 마음이 없다.
- 추구하는 마음이 없어도 운에 맞춰 관을 사용할 수 있다.

30

戊	庚	丙	己
寅	戌	寅	亥

- 丙火는 편관이고 丁火는 정관이다.
- 대운 巳午未에서 丙火는 록왕쇠이고, 丁火는 절태양이다.
- 월간에 편관 丙火가 있다.
- 巳午未 운에 丙火는 록왕쇠이다.
- 록왕쇠는 가장 열심히 일할 시기이다.
- 때를 놓치지 말아야 한다.
- 기회는 자주 오지 않는다.

31

甲	辛	辛	戊
午	巳	酉	戌

- 丙火는 정관이고 丁火는 편관이다.
- 천간에 丙火와 丁火가 없다.
- 대운 巳午未에서 丙火는 록왕쇠이고, 丁火는 절태양이다.
- 원국에 없어도 운의 흐름에 따라 써야 한다.

32

庚	乙	癸	丁
辰	丑	丑	巳

- 庚金은 정관이고 辛金은 편관이다.
- 대운 巳午未에서 庚金은 생욕대이고, 辛金은 병사묘이다.
- 시간에 정관 庚金이 있다.
- 庚金은 巳午未 운에서 생욕대이다.
- 생욕대는 출근해서 일하는 것과 같다.
- 생욕대는 점차 일을 늘려가는 시기이다.

33

己	甲	辛	己
巳	戌	未	未

- 庚金은 편관이고 辛金은 정관이다.
- 월간에 정관 辛金이 있다.
- 대운 巳午未에서 庚金은 생욕대이고, 辛金은 병사묘이다.
- 생욕대는 출근하는 것과 같다.
- 병사묘는 퇴근하는 것과 같다.

34

己	甲	丙	丙
巳	申	申	子

- 庚金은 편관이고 辛金은 정관이다.
- 대운 巳午未에서 庚金은 생욕대이고, 辛金은 병사묘이다.
- 생욕대는 출근하는 것과 같다.
- 병사묘는 퇴근하는 것과 같다.

35

甲	己	辛	庚
子	卯	巳	申

- 甲木은 정관이고 乙木은 편관이다.
- 대운 巳午未에서 甲木은 병사묘이고, 乙木은 생욕대이다.
- 시간에 정관 甲木이 있다.
- 巳午未 운에 甲木 정관은 병사묘이다.
- 병사묘는 퇴근하기 위해 일을 점차 줄여가는 시기이다.

36

己	丙	辛	乙
亥	申	巳	亥

- 壬水는 편관이고 癸水는 정관이다.

- 대운 巳午未에서 壬水는 절태양이고, 癸水는 록왕쇠이다.
- 천간에 壬水와 癸水가 없다.
- 관성이 없다.
- 관을 추구하는 마음이 없다.
- 마음이 없어도 운의 흐름에 맞춰 사용해야 한다.

37

乙	甲	丙	庚
丑	辰	戌	寅

- 庚金은 편관이고 辛金은 정관이다.
- 대운 巳午未에서 庚金은 생욕대이고, 辛金은 병사묘이다.
- 생욕대는 출근하는 것과 같다.
- 병사묘는 퇴근하는 것과 같다.
- 연간에 庚金 편관이 있다.
- 응축 하강하는 모습으로 편관을 사용해야 한다.

38

庚	乙	乙	乙
辰	酉	酉	丑

- 庚金은 정관이고 辛金은 편관이다.
- 대운 巳午未에서 庚金은 생욕대이고, 辛金은 병사묘이다.

- 시간에 정관 庚金이 있다.
- 庚金은 응축 하강하는 속성이 있다.
- 巳午未 운에는 정관 庚金이 생욕대를 맞아 점차 일을 늘려가는 시기이다.

39

庚	壬	癸	壬
戌	辰	丑	申

- 戊土는 편관이고 己土는 정관이다.
- 관성이 없다.
- 관을 추구하는 마음이 없다.
- 원국에 없어도 운에서 관을 사용할 수 있다.
- 대운 巳午未에서 戊土는 록왕쇠이고, 己土는 절태양이다.

40

庚	癸	戊	壬
申	酉	申	戌

- 관성은 戊土와 己土이다.
- 戊土는 정관이고 己土는 편관이다.
- 월간에 정관 戊土가 있다.
- 정관 戊土는 대운 巳午未에서 록왕쇠이다.

- 록왕쇠는 가장 바쁘게 일할 시기이다.

41

丙	庚	辛	癸
戌	戌	酉	丑

- 丙火는 편관이고 丁火는 정관이다.
- 대운 巳午未에서 丙火는 록왕쇠이고, 丁火는 절태양이다.
- 시간에 편관 丙火가 있다.
- 巳午未 운에 丙火는 록왕쇠이다.
- 록왕쇠는 가장 열심히 일해야 할 시기이다.

42

癸	丙	壬	丁
巳	子	寅	卯

- 壬水는 편관이고 癸水는 정관이다.
- 월간에 편관 壬水와 시간에 정관 癸水가 있다.
- 대운 巳午未에서 壬水는 절태양이고, 癸水는 록왕쇠이다.
- 壬水는 더 응축 더 하강하는 모습으로 사용해야 한다.
- 癸水는 더 확산 더 상승하는 모습으로 사용해야 한다.

43

癸	壬	乙	乙
卯	子	酉	卯

- 戊土는 편관이고 己土는 정관이다.
- 천간에 戊土와 己土가 없다.
- 관성이 없다.
- 원국에 관이 없어도 巳午未 운에서 관을 사용할 수 있다.
- 巳午未 운에서 戊土는 록왕쇠이다.
- 巳午未 운에서 己土는 절태양이다.

44

丙	庚	辛	壬
子	子	亥	戌

- 丙火는 편관이고 丁火는 정관이다.
- 대운 巳午未에서 丙火는 록왕쇠이고, 丁火는 절태양이다.
- 시간에 편관 丙火가 있다.
- 巳午未 운에 丙火는 록왕쇠이다.
- 록왕쇠는 가장 열심히 일해야 할 시기이다.

45

乙	甲	戊	庚
亥	午	子	午

- 庚金은 편관이고 辛金은 정관이다.
- 연간에 庚金 편관이 있다.
- 庚金은 응축 하강하는 속성이 있다.
- 巳午未 운에서 庚金은 생욕대이다,
- 생욕대는 점차 일을 늘려가는 시기이다.

46

壬	壬	庚	丙
子	辰	寅	午

- 戊土는 편관이고 己土는 정관이다.
- 천간에 戊土와 己土가 없다.
- 관성이 없다.
- 관을 추구하는 마음이 없다.
- 巳午未 운에 戊土는 록왕쇠이고, 己土는 절태양이다.
- 원국에 없어도 운에 맞는 글자를 사용하면 좋다.

47

辛	壬	癸	壬
亥	子	丑	子

- 戊土는 편관이고 己土는 정관이다.
- 巳午未 운에 戊土는 록왕쇠이고, 己土는 절태양이다.
- 천간에 戊土와 己土가 없다.
- 관성이 없다.
- 관을 추구하는 마음이 없다.
- 추구하는 마음이 없어도 운에 맞춰 살아야 한다.

48

丁	丁	戊	甲
未	卯	辰	寅

- 壬水는 정관이고 癸水는 편관이다.
- 巳午未 운에 壬水는 절태양이고, 癸水는 록왕쇠이다.
- 천간에 壬水와 癸水가 없다.
- 관성이 없다.
- 관성이 없다고 관을 사용하지 못한다는 말은 아니다.
- 운의 흐름에 따라 사는 것이 현명하다.

49

丙	戊	辛	辛
辰	辰	卯	巳

- 甲木은 편관이고 乙木은 정관이다.
- 대운 巳午未에서 甲木은 병사묘이고, 乙木은 생욕대이다.
- 천간에 甲木과 乙木이 없다.
- 관성이 없다.
- 관을 추구하는 마음이 없다.

50

壬	乙	庚	己
午	巳	午	未

- 庚金은 정관이고 辛金은 편관이다.
- 대운 巳午未에서 庚金은 생욕대이고, 辛金은 병사묘이다.
- 월간에 정관 庚金이 있다.
- 庚金은 巳午未 운에서 생욕대이다.
- 생욕대는 점차 일을 늘려가는 시기이다.

17

운이 申酉戌로 갈 때 식상의 흐름

운이 申酉戌로 갈 때 식상〔새로운 일, 하고 싶은 일 등〕은 어떤 모습으로 변해 가는지 설명해 보자.

01

壬	癸	戊	辛
戌	丑	戌	未

← 대운이 申酉戌

- 甲木은 상관이고 乙木은 식신이다.
- 甲木과 乙木이 천간에 없다.
- 申酉戌 운에는 甲木은 절태양이고, 乙木은 록왕쇠이다.
- 팔자 원국에 없어도 운의 흐름에 맞춰 식상을 사용해야 한다.
- 운을 따르는 사람이 현명하다.

02

甲	壬	癸	辛
辰	午	巳	巳

- 甲木은 식신이고 乙木은 상관이다.
- 甲木 식신이 시간에 있다.
- 申酉戌 운에는 甲木은 절태양이다.
- 申酉戌 운에 甲木 식신을 절태양의 모습으로 사용해야 한다.
- 절태양의 시기에 감투를 쓰거나 새로운 일을 시작하면 안 된다.
- 잠을 자듯이 조용히 있어야 한다.

03

乙	辛	癸	辛
未	丑	巳	丑

- 壬水는 상관이고 癸水는 식신이다.
- 월간에 癸水 식신이 있다.
- 申酉戌 운에 癸水 식신은 병사묘이다.
- 병사묘의 시기에는 퇴근을 하듯이 일을 마무리해야 한다.

04

乙	癸	辛	癸
卯	亥	酉	亥

- 甲木은 상관이고 乙木은 식신이다.
- 시간에 乙木 식신이 있다.
- 申酉戌 운에는 乙木은 록왕쇠이다.
- 申酉戌 운에 乙木 식신을 록왕쇠로 사용해야 한다.
- 록왕쇠는 가장 바쁘게 일할 시기이다.
- 기회가 왔을 때 놓치지 말아야 한다.

05

丁	甲	甲	乙
卯	辰	申	丑

- 丙火는 식신이고 丁火는 상관이다.
- 丁火 상관이 시간에 있다.
- 丁火 상관은 申酉戌 운에 생욕대이다.
- 생욕대는 출근하는 것처럼 일을 시작하는 시기이다.
- 출근할 때 일을 마무리하면 안 된다.
- 운의 흐름에 맞춰 살면 탈이 없다.

06

癸	甲	丙	己
酉	寅	子	巳

- 丙火는 식신이고 丁火는 상관이다.
- 丙火 식신이 월간에 있다.
- 丙火는 더 확산 더 상승하는 속성이 있다.
- 申酉戌 운에는 丙火는 병사묘이다.
- 병사묘 시기에는 일을 확장하거나 시작해서는 안 된다.
- 퇴근을 하듯이 일을 마무리하고 결실을 추구해야 한다.

07

甲	癸	庚	丁
寅	丑	戌	卯

- 甲木은 상관이고 乙木은 식신이다.
- 시간에 甲木 상관이 있다.
- 甲木 상관은 申酉戌 운에 절태양이다.
- 절태양은 여유롭게 느긋하게 살아가는 시기이다.
- 운의 흐름을 거역하면 안 된다.

08

丁	甲	壬	甲
卯	申	申	戌

- 丙火는 식신이고 丁火는 상관이다.
- 상관 丁火가 시간에 있다.
- 丁火는 더 응축 더 하강하는 속성이 있다.
- 申酉戌 운에는 丁火는 생욕대이다.
- 생욕대의 시기에는 일을 점차 늘려가야 한다.
- 운의 흐름에 맞춰 출근 일, 퇴근 잠을 자야 한다.
- 자연의 리듬을 따라야 탈이 없다.

09

壬	戊	壬	壬
戌	寅	子	戌

- 庚金은 식신이고 辛金은 상관이다.
- 천간에 庚金, 辛金이 없다.
- 원국 천간에 없는 글자는 추구하는 마음이 없다.
- 추구하는 마음이 없으면 그릇의 크기는 작아진다.
- 팔자에 없어도 운에 따라 살아가는 것이 현명하다.
- 자기 생각을 버리고 운을 따라가는 것이 순천자(順天者)이다.
- 申酉戌 운에 庚金은 록왕쇠이고, 辛金은 절태양이다.

- 庚金과 辛金을 구분할 수 있어야 한다.

10

乙	丁	辛	辛
巳	亥	卯	酉

- 戊土는 상관이고 己土는 식신이다.
- 천간에 戊土와 己土가 없다.
- 원국 천간에 없는 글자는 추구하는 마음이 없다.
- 팔자에 없어도 운에서 얼마든지 사용할 수 있다.
- 申酉戌 운에 戊土는 병사묘이고, 己土는 생욕대이다.

11

戊	辛	戊	丁
子	亥	申	巳

- 壬水는 상관이고 癸水는 식신이다.
- 壬水와 癸水가 천간에 없다.
- 申酉戌 운에는 壬水는 생욕대이고, 癸水는 병사묘이다.
- 팔자 원국에 없어도 운의 흐름에 맞춰 식상을 사용하면 된다.
- 운을 따르는 사람이 현명하다.

12

庚	己	甲	丁
午	未	辰	未

- 庚金은 상관이고 辛金은 식신이다.
- 시간에 상관 庚金이 있다.
- 申酉戌 운에 庚金 상관은 록왕쇠이다.
- 록왕쇠는 가장 바쁘게 일할 시기이다.
- 언제나 일할 수 있는 것은 아니다.
- 기회가 왔을 때 놓치지 말아야 한다.

13

癸	乙	己	戊
未	卯	未	戌

- 丙火는 상관이고 丁火는 식신이다.
- 丙火와 丁火가 천간에 없다.
- 申酉戌 운에는 丙火는 병사묘이고, 丁火는 생욕대이다.
- 원국에 없어도 운의 흐름에 맞춰 식상 활동을 할 수 있다.
- 운을 따르는 사람이 현명하다.
- 벚꽃을 좋아하더라도 申酉戌 운에는 단풍구경을 가야 한다.

14

丁	庚	甲	辛
亥	子	午	丑

- 壬水는 식신이고 癸水는 상관이다.
- 申酉戌 운에는 壬水는 생욕대이고, 癸水는 병사묘이다.
- 팔자 원국에 壬水와 癸水가 없다.
- 원국에 없어도 운의 흐름에 따라 살아가는 것이 좋다.
- 자기 생각을 버리고 운을 따라가야 한다.

15

丁	癸	己	丙
巳	亥	亥	寅

- 甲木은 상관이고 乙木은 식신이다.
- 甲木과 乙木이 천간에 없다.
- 申酉戌 운에는 甲木은 절태양이고, 乙木은 록왕쇠이다.
- 팔자 원국에 없어도 운의 흐름에 맞춰 식상을 사용해야 한다.
- 운을 따르는 사람이 현명하다.

16

甲	癸	癸	戊
寅	未	亥	辰

- 甲木은 상관이고 乙木은 식신이다.
- 甲木 상관이 시간에 있다.
- 천간의 글자는 하고 싶은 욕망이다.
- 申酉戌 운에는 甲木 상관은 절태양이다.
- 절태양은 보이지 않는 곳에서 드러나는 일을 하면 안 된다.

17

辛	庚	丙	己
巳	辰	寅	亥

- 壬水는 식신이고 癸水는 상관이다.
- 申酉戌 운에는 壬水는 생욕대이고, 癸水는 병사묘이다.
- 팔자 원국에 壬水와 癸水가 없다.
- 원국에 없어도 얼마든지 사용할 수 있다.
- 자기 생각만 고집하면 안 된다.
- 봄의 벚꽃을 좋아해도 가을에는 단풍구경을 가야 한다.

18

癸	癸	壬	戊
亥	巳	戌	子

- 甲木은 상관이고 乙木은 식신이다.
- 甲木과 乙木이 천간에 없다.
- 申酉戌 운에는 甲木은 절태양이고, 乙木은 록왕쇠이다.
- 팔자 원국에 없어도 운의 흐름에 맞춰 식상을 사용해야 한다.
- 개인적인 생각을 버리고 운의 흐름을 따라야 한다.

19

癸	丁	乙	壬
卯	未	巳	寅

- 戊土는 상관이고 己土는 식신이다.
- 천간에 戊土와 己土가 없다.
- 원국 천간에 없는 글자는 추구하는 마음이 없다.
- 팔자에 없어도 운에서 얼마든지 사용할 수 있다.
- 申酉戌 운에 戊土는 병사묘이고, 己土는 생욕대이다.
- 자기 생각만 고집하면 안 된다.
- 운의 흐름에 복종하는 사람이 현명하다.

20

丙	甲	甲	辛
寅	戌	午	亥

- 丙火는 식신이고 丁火는 상관이다.
- 식신 丙火가 시간에 있다.
- 申酉戌 운에는 丙火는 병사묘이다.
- 병사묘 시기는 퇴근하는 시기와 비슷하다.
- 일을 마무리하고 실속을 챙겨야 하는 시기이다.

21

甲	丁	壬	庚
辰	亥	午	寅

- 戊土는 상관이고 己土는 식신이다.
- 천간에 戊土와 己土가 없다.
- 원국 천간에 없는 글자는 추구하는 마음이 없다.
- 팔자에 없어도 운에서 얼마든지 사용할 수 있다.
- 申酉戌 운에 戊土는 병사묘이고, 己土는 생욕대이다.
- 자기 생각만 고집하면 안 된다.
- 운의 흐름에 복종하는 사람이 현명하다.

22

己	辛	丁	壬
亥	未	未	辰

- 壬水는 상관이고 癸水는 식신이다.
- 壬水 상관이 연간에 있다.
- 申酉戌 운에는 壬水는 생욕대이다.
- 壬水는 더 응축 더 하강하는 속성이 있다.
- 생욕대는 출근해서 일이 점차 많아지는 시기와 같다.

23

戊	己	庚	辛
辰	未	寅	酉

- 庚金은 상관이고 辛金은 식신이다.
- 연간에 辛金 식신과 월간에 상관 庚金이 있다.
- 申酉戌 운에 庚金은 록왕쇠이고, 辛金은 절태양이다.
- 운의 흐름에 따라 적절하게 식신과 상관을 사용하면 좋다.
- 혼잡이라고 무조건 나쁜 것은 아니다.

24

丁	庚	己	庚
亥	子	丑	戌

- 壬水는 식신이고 癸水는 상관이다.
- 申酉戌 운에 壬水는 생욕대이고, 癸水는 병사묘이다.
- 팔자원국에 壬水와 癸水가 없다.
- 원국에 없어도 운의 흐름에 따라 살아가는 것이 좋다.
- 자기 생각을 버리고 운을 따라가야 현명하다.

25

丙	癸	庚	乙
辰	丑	辰	未

- 甲木은 상관이고 乙木은 식신이다.
- 연간에 乙木 식신이 있다.
- 申酉戌 운에 乙木 식신은 록왕쇠이다.
- 乙木은 밖에서 안으로 들어가며 응축 하강하는 속성이 있다.
- 음간이 록왕쇠에 이르면 밖에서는 보이지 않는다.
- 보이지 않으면 무시하는 경향이 있다.
- 안이 없는 밖, 밖이 없는 안은 있을 수 없다.

26

壬	辛	乙	壬
辰	卯	巳	戌

- 壬水는 상관이고 癸水는 식신이다.
- 壬水 상관이 연간과 시간에 있다.
- 壬水는 더 응축 더 하강하는 속성이 있다.
- 申酉戌 운에 壬水는 생욕대이다.
- 생욕대는 일이 점차 많아지는 시기이다.

27

丙	戊	甲	癸
辰	子	子	亥

- 庚金은 식신이고 辛金은 상관이다.
- 천간에 庚金과 辛金이 없다.
- 원국 천간에 없는 글자는 추구하는 마음이 없다.
- 팔자에 없어도 운에 따라 살아가는 것이 현명하다.
- 申酉戌 운에 庚金은 록왕쇠이고, 辛金은 절태양이다.
- 庚金과 辛金을 구분하지 못하고 오행으로 金이라고 하면 안 된다.

28

丁	庚	庚	癸
亥	子	申	丑

- 壬水는 식신이고 癸水는 상관이다.
- 연간에 癸水 상관이 있다.
- 癸水 상관은 더 확산 더 상승하는 속성이 있다.
- 癸水는 申酉戌 운에 병사묘이다.
- 병사묘 시기에는 퇴근을 하듯이 일을 마무리해야 한다.
- 일을 늘리거나 시작하면 안 된다.

29

乙	庚	丙	乙
酉	寅	戌	卯

- 壬水는 식신이고 癸水는 상관이다.
- 申酉戌 운에는 壬水는 생욕대이고, 癸水는 병사묘이다.
- 팔자원국에 壬水와 癸水가 없다.
- 원국에 없어도 운의 흐름에 따라 살아가는 것이 좋다.
- 자기 생각을 버리고 운을 따라가야 한다.

30

辛	壬	癸	辛
亥	寅	巳	丑

- 甲木은 식신이고 乙木은 상관이다.
- 甲木과 乙木이 천간에 없다.
- 申酉戌 운에는 甲木은 절태양이고, 乙木은 록왕쇠이다.
- 팔자 원국에 없어도 운의 흐름에 맞춰 식상을 사용해야 한다.
- 운을 따르는 사람이 현명하다.

31

己	丙	戊	丁
亥	辰	申	未

- 戊土는 식신이고 己土는 상관이다.
- 월간에 戊土 식신이 그리고 시간에 상관 己土가 있다.
- 申酉戌 운에는 戊土는 병사묘이고, 己土는 생욕대이다.
- 병사묘는 퇴근하는 것과 같고 생욕대는 출근하는 것과 같다.
- 운의 흐름에 맞춰 戊土와 己土를 적절히 사용하면 좋다.
- 식상혼잡이라고 무조건 나쁘다고 하면 안 된다.

32

辛	壬	戊	乙
丑	午	寅	亥

- 甲木은 식신이고 乙木은 상관이다.
- 상관 乙木이 연간에 있다.
- 乙木 상관은 응축 하강하는 속성이 있다.
- 申酉戌 운에 乙木 상관은 록왕쇠가 된다.
- 록왕쇠는 정신없이 가장 바쁘게 일하는 시기이다.
- 찾는 사람이 많고 인기가 많은 시기이다.

33

辛	壬	己	己
亥	午	巳	卯

- 甲木은 식신이고 乙木은 상관이다.
- 甲木과 乙木이 천간에 없다.
- 申酉戌 운에는 甲木은 절태양이고, 乙木은 록왕쇠이다.
- 팔자 원국에 없어도 운의 흐름에 맞춰 식상을 사용해야 한다.
- 운을 따르는 사람이 현명하다.

34

己	乙	丁	庚
卯	亥	亥	寅

- 丙火는 상관이고 丁火는 식신이다.
- 식신 丁火가 월간에 있다.
- 申酉戌 운에는 丁火는 생욕대이다.
- 생욕대는 출근하여 일을 시작하는 시기와 같다.
- 출근할 때는 수확이나 결실을 생각하면 안 된다.
- 시간과 노력을 투자하며 열심히 일을 할 시기이다.

35

乙	乙	甲	庚
酉	丑	申	申

- 丙火는 상관이고 丁火는 식신이다.
- 丙火와 丁火가 천간에 없다.
- 申酉戌 운에는 丙火는 병사묘이고, 丁火는 생욕대이다.
- 원국에 없어도 운의 흐름에 맞춰 식상 활동을 할 수 있다.
- 운을 따르는 사람이 현명하다.
- 벚꽃을 좋아하더라도 申酉戌 운에는 단풍구경을 가야 한다.

36

辛	丁	壬	丙
亥	亥	辰	寅

- 戊土는 상관이고 己土는 식신이다.
- 천간에 戊土, 己土가 없다.
- 원국 천간에 없는 글자는 추구하는 마음이 없다.
- 팔자에 없어도 운에서 얼마든지 사용할 수 있다.
- 申酉戌 운에 戊土는 병사묘이고, 己土는 생욕대이다.
- 자기 생각만 고집하면 안 된다.
- 운의 흐름에 복종하는 사람이 현명하다.

37

甲	甲	辛	丁
子	辰	亥	酉

- 丙火는 식신이고 丁火는 상관이다. 상관 丁火가 연간에 있다.
- 천간에 있으면 추구하는 마음이 있다.
- 추구하는 마음이 있어야 취할 가능성도 커진다.
- 申酉戌 운에는 丁火는 생욕대이다.
- 丁火 상관은 申酉戌 운에 생욕대가 된다.
- 생욕대에서는 일을 시작하여 점차 늘려가는 시기이다.
- 수확이나 결실을 생각하면 안 된다.

38

乙	壬	丁	乙
巳	子	亥	亥

- 甲木은 식신이고 乙木은 상관이다.
- 乙木 상관이 연간과 시간에 있다.
- 申酉戌 운에서 乙木은 록왕쇠이다.
- 乙木의 속성은 응축 하강이다.
- 음간이 록왕쇠일 때는 안으로 깊이 들어가서 보이지 않는다.
- 깊은 곳에서 열심히 일할 시기이다.
- 일할 기회가 왔을 때 일해야 한다.

39

辛	癸	己	癸
酉	丑	未	卯

- 甲木은 상관이고 乙木은 식신이다.
- 甲木과 乙木이 천간에 없다.
- 申酉戌 운에서 甲木은 절태양이고, 乙木은 록왕쇠이다.
- 팔자 원국에 없어도 운의 흐름에 맞춰 식상을 사용해야 한다.
- 운을 따르는 사람이 현명하다.
- 봄을 좋아하더라도 申酉戌 운에는 단풍구경을 가야 한다.

40

癸 戊 癸 庚
亥 戌 未 子

- 庚金은 식신이고 辛金은 상관이다.
- 연간에 식신 庚金이 있다.
- 申酉戌 운에 庚金은 록왕쇠이다.
- 록왕쇠의 시기에는 정신없이 바쁘다.
- 바쁘다는 말은 인기가 있다는 의미이다.
- 일할 때와 잠잘 때를 구분해서 살아가야 한다.
- 무조건 일하는 것만이 좋다고 하면 안 된다.
- 휴식도 필요하다.

41

戊 癸 癸 甲
午 亥 酉 戌

- 甲木은 상관이고 乙木은 식신이다.
- 연간에 상관 甲木이 있다.
- 甲木은 안에서 밖으로 나가며 확산 상승하는 속성을 가지고 있다.
- 글자의 속성을 반드시 지켜야 탈이 없다.
- 申酉戌 운에 甲木 상관은 절태양이다.
- 절태양의 시기에는 잠을 자듯이 조용히 지내야 한다.

42

丙	乙	戊	丁
戌	巳	申	未

- 丙火는 상관이고 丁火는 식신이다.
- 연간에 丁火 식신이 그리고 시간에 丙火 상관이 있다.
- 申酉戌 운에는 丙火는 병사묘이고, 丁火는 생욕대이다.
- 운의 흐름에 맞춰 丙火와 丁火를 사용해야 한다.
- 丙火는 더 확산 더 상승하는 속성이 있다.
- 丁火는 더 응축 더 하강하는 속성이 있다.

43

庚	乙	甲	丙
辰	亥	午	子

- 丙火는 상관이고 丁火는 식신이다.
- 丙火 상관이 연간에 있다.
- 申酉戌 운에는 丙火는 병사묘이다.
- 병사묘 시기는 퇴근하는 시기와 같다.
- 일을 줄이면서 마무리해야 한다.
- 수확과 결실이 있는 시기이다.

44

庚	己	丁	丙
午	丑	酉	申

- 庚金은 상관이고 辛金은 식신이다.
- 시간에 상관 庚金이 있다.
- 申酉戌 운에 庚金 상관은 록왕쇠이다.
- 록왕쇠는 가장 바쁘게 일할 시기이다.
- 기회가 왔을 때 놓치지 말아야 한다.
- 봄·여름·가을·겨울로 변하는 것이 운의 흐름이다.
- 각 계절마다 해야 할 일이 있다.

45

丙	丙	己	庚
申	戌	卯	午

- 戊土는 식신이고 己土는 상관이다.
- 월간에 상관 己土가 있다.
- 申酉戌 운에 己土는 생욕대이다.
- 생욕대는 출근하는 것과 같아 점점 바빠지는 시기이다.
- 원국의 생각을 버리고 운을 따르는 것이 현명하다.

46

辛	乙	辛	癸
巳	丑	酉	酉

- 丙火는 상관이고 丁火는 식신이다.
- 丙火와 丁火가 천간에 없다.
- 申酉戌 운에서 丙火는 병사묘이고, 丁火는 생욕대이다.
- 원국에 없어도 운의 흐름에 맞춰 식상 활동을 할 수 있다.
- 운을 따르는 사람이 현명하다.
- 벚꽃을 좋아하더라도 申酉戌 운에는 단풍구경을 가야 한다.

47

乙	乙	丁	辛
酉	卯	酉	酉

- 丙火는 상관이고 丁火는 식신이다.
- 식신 丁火가 월간에 있다.
- 申酉戌 운에서 丁火는 생욕대이다.
- 생욕대는 출근하는 시기와 같다.
- 일이 점차 많아지는 시기이다.

48

辛	甲	戊	丁
未	申	申	亥

- 丙火는 식신이고 丁火는 상관이다.
- 연간에 丁火 상관이 있다.
- 申酉戌 운에서 丁火는 생욕대이다.
- 丁火 상관을 출근하여 일을 시작하는 모습으로 활용해야 한다.
- 丙火도 丁火도 운에 따라 출근 일, 퇴근 잠을 자는 시기가 있다.
- 운의 흐름을 따르면 살아가는데 탈이 없다.

49

戊	丙	壬	壬
戌	戌	子	子

- 戊土는 식신이고 己土는 상관이다.
- 시간에 戊土 식신이 있다.
- 戊土는 더 확산 더 상승하는 속성이 있다.
- 申酉戌 운에 戊土는 병사묘이다.
- 병사묘는 퇴근하는 것과 같다.
- 일을 마무리하며 퇴근 준비를 해야 한다.

50

甲	己	戊	庚
戌	卯	寅	辰

- 庚金은 상관이고 辛金은 식신이다.
- 연간에 상관 庚金이 있다.
- 申酉戌 운에 庚金 상관은 록왕쇠이다.
- 록왕쇠에서 가장 바쁘게 산다.
- 기회가 자주 주어지는 것은 아니다.
- 일할 기회가 왔을 때 불평하지 말고 일해야 한다.

18

운이 亥子丑으로 갈 때 재성의 흐름

운이 亥子丑으로 갈 때 재성〔재물〕은 어떤 모습으로 변해 가는지 설명해 보자.

01

壬	癸	戊	辛	
戌	丑	戌	未	← 대운이 亥子丑

- 丙火는 정재이고, 丁火는 편재이다.
- 亥子丑 운에서 정재 丙火는 절태양이고, 편재 丁火는 록왕쇠이다.
- 천간에 丙火와 丁火가 없다.
- 팔자에 없다고 재성을 못쓰는 것은 아니다.
- 亥子丑 운에는 丁火가 록왕쇠이다.

●록왕쇠는 가장 바쁘게 일할 시기이다.

●원국과 운이 다를 때는 운의 흐름을 따라야 한다.

02

辛	丁	丁	丁
亥	未	未	丑

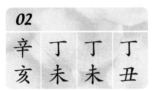

●庚金은 정재이고, 辛金은 편재이다.

●시간에 편재 辛金이 있다.

●辛金은 확산 상승하는 속성이 있다.

●亥子丑 운에서 편재 辛金은 생욕대이다.

●생욕대는 출근하는 것과 같다.

●일을 시작하는 시기니 수확이나 결실을 기대하면 안 된다.

03

壬	壬	甲	丙
寅	午	午	寅

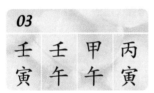

●丙火는 편재이고, 丁火는 정재이다.

●亥子丑 운에서 편재 丙火는 절태양이고, 정재 丁火는 록왕쇠이다.

●연간에 편재 丙火가 있다.

●丙火는 더 확산 더 상승하는 속성이 있다.

●절태양은 느긋하고 여유있게 일하는 시기이다.

04

己	甲	丙	丁
巳	午	午	卯

- 戊土는 편재이고, 己土는 정재이다.
- 시간에 己土 정재가 있다.
- 己土는 더 응축 더 하강하는 속성이 있다.
- 亥子丑 운에 己土는 록왕쇠이다.
- 록왕쇠는 가장 바쁘게 일하는 시기이다.

05

甲	辛	丁	甲
午	卯	卯	戌

- 甲木은 정재이고, 乙木은 편재이다.
- 연간과 시간에 甲木 정재가 있다.
- 甲木 정재는 亥子丑 운에 생욕대이다.
- 甲木을 생욕대의 모습으로 사용할 수 있다.
- 생욕대는 일을 점차 늘려가는 시기이다.
- 생욕대에서 수확이나 결실을 기대하면 안 된다.

06

乙	丙	己	庚
未	午	卯	申

- 庚金은 편재이고, 辛金은 정재이다.
- 연간에 庚金 편재가 있다.
- 庚金은 亥子丑 운에서 병사묘이다.
- 병사묘는 퇴근하는 시기와 같다.
- 일을 점차 줄이면서 마무리를 해야 한다.
- 병사묘에서 일을 시작하거나 키우면 안 된다.

07

壬	乙	庚	戊
午	巳	申	辰

- 戊土는 정재이고, 己土는 편재이다.
- 연간에 戊土 정재가 있다.
- 戊土는 더 확산 더 상승하는 속성이 있다.
- 천간의 속성에 맞게 정재를 사용해야 한다.
- 亥子丑 운에 戊土는 절태양이다.
- 절태양은 보이지 않는 곳에서 조용히 살면 좋다.

08

甲	甲	甲	戊
戌	申	寅	寅

- 戊土는 편재이고, 己土는 정재이다.
- 연간에 戊土 편재가 있다.
- 戊土는 더 확산 더 상승하는 속성이 있다.
- 亥子丑 운에 戊土는 절태양이다.
- 절태양은 보이지 않는 곳에서 조용히 생활하면 좋다.

09

庚	壬	戊	丙
戌	寅	戌	午

- 丙火는 편재이고, 丁火는 정재이다.
- 亥子丑 운에서 편재 丙火는 절태양이고, 정재 丁火는 록왕쇠이다.
- 연간에 丙火 편재가 있다.
- 편재 丙火는 亥子丑 운에 절태양이다.
- 절태양은 조용한 곳에서 여유를 가지며 살면 좋다.

10

辛	乙	庚	壬
巳	未	戌	寅

- 戊土는 정재이고, 己土는 편재이다.
- 천간에 戊土와 己土, 즉 재성이 없다.
- 천간에 없으면 추구하는 생각이 없다.
- 亥子丑 운에서 己土가 록왕쇠이다.
- 록왕쇠는 가장 바쁘게 일할 시기이다.
- 마음이 없어도 운에 맞춰 사는 것이 현명하다.
- 여름 해수욕장을 좋아해도 겨울에는 눈썰매를 타는 것이 좋다.

11

戊	丙	戊	辛
子	寅	戌	亥

- 庚金은 편재이고, 辛金은 정재이다.
- 연간에 辛金 정재가 있다.
- 辛金은 亥子丑 운에서 생욕대이다.
- 생욕대는 출근하는 시기와 같다.
- 출근해서 일을 점차 키워가는 시기가 생욕대이다.
- 생욕대에서 일을 마무리하면 안 된다.

12

庚	辛	戊	庚
寅	丑	子	申

- 甲木은 정재이고, 乙木은 편재이다.
- 천간에 甲木과 乙木이 없다.
- 천간에 없으니 재를 추구하는 마음이 없다.
- 천간의 글자가 다르니 사람마다 생각이 다르다.
- 자기 생각만이 옳은 것은 아니다.
- 亥子丑 운에 甲木은 생욕대이고, 乙木은 병사묘이다.
- 해당 글자 속성에 맞게 재를 추구하면 탈이 없다.

13

辛	丁	甲	甲
亥	丑	戌	辰

- 庚金은 정재이고, 辛金은 편재이다.
- 시간에 편재 辛金이 있다.
- 辛金은 확산 상승하는 속성이 있다.
- 亥子丑 운에서 편재 辛金은 생욕대이다.
- 생욕대는 출근하는 것과 같다.
- 일을 시작하는 시기이니 수확이나 결실을 기대하면 안 된다.

14

丁	甲	乙	己
卯	子	亥	巳

- 戊土는 편재이고, 己土는 정재이다.
- 연간에 己土 정재가 있다.
- 己土 정재는 亥子丑 운에 록왕쇠이다.
- 록왕쇠는 가장 정신없이 일하는 시기이다.
- 록왕쇠가 좋고 절태양이 나쁜 것은 아니다.
- 운의 흐름에 맞게 살면 순천자(順天者)가 된다.
- 운의 흐름을 거역하면 역천자(逆天者)가 된다.

15

乙	己	丙	癸
亥	酉	辰	未

- 壬水는 정재가 되고, 癸水는 편재가 된다.
- 연간에 癸水 편재가 있다.
- 癸水는 더 확산 더 상승하는 속성이 있다.
- 亥子丑 운에 癸水는 절태양이다.
- 절태양에서는 조용히 여유를 부리며 살면 좋다.

16

庚	丙	戊	癸
寅	申	午	酉

- 庚金은 편재이고, 辛金은 정재이다.
- 시간에 庚金 편재가 있다.
- 庚金은 亥子丑 운에서 병사묘이다.
- 병사묘는 퇴근하는 시기와 같다.
- 일을 점차 줄이면서 마무리를 해야 한다.
- 병사묘에서 일을 시작하거나 키우면 안 된다.

17

乙	己	癸	己
亥	巳	酉	巳

- 壬水는 정재가 되고, 癸水는 편재가 된다.
- 월간에 癸水 편재가 있다.
- 癸水는 더 확산 더 상승하는 속성이 있다.
- 亥子丑 운에 癸水는 절태양이다.
- 절태양에서는 조용히 여유를 부리며 살면 좋다.

18

丁	庚	甲	乙
亥	子	申	卯

- 甲木은 편재이고, 乙木은 정재이다.
- 연간에 정재 乙木이 있고, 월간에 편재 甲木이 있다.
- 甲木은 확산 상승하는 속성이 있다.
- 乙木은 응축 하강하는 속성이 있다.
- 亥子丑 운에 甲木은 생욕대이고, 乙木은 병사묘이다.
- 해당 글자 속성에 맞게 재를 추구하면 탈이 없다.

19

壬	甲	辛	丁
申	寅	亥	卯

- 戊土는 편재이고, 己土는 정재이다.
- 천간에 戊土와 己土가 없다.
- 천간에 없을 때는 운의 흐름에 따라야 한다.
- 亥子丑 운에서는 己土를 록왕쇠로 사용하면 좋다.
- 정재 己土를 사용하면 바쁘게 일할 수 있다.

20

丁	庚	己	庚
亥	申	卯	寅

- 甲木은 편재이고, 乙木은 정재이다.
- 천간에 甲木과 乙木이 없다.
- 천간에 없으니 재를 추구하는 마음이 없다.
- 천간의 글자가 다르니 사람마다 생각이 다르다.
- 자기 생각만이 옳은 것은 아니다.
- 亥子丑 운에 甲木은 생욕대이고, 乙木은 병사묘이다.
- 해당 글자 속성에 맞게 재를 추구하면 탈이 없다.

21

甲	庚	甲	戊
申	寅	寅	辰

- 甲木은 편재이고, 乙木은 정재이다.
- 월간과 시간에 편재 甲木이 있다.
- 甲木은 亥子丑 운에 생욕대이다.
- 생욕대는 출근하는 것과 같다.
- 일을 시작해서 점차 늘려가야 한다.
- 결실을 얻을 때는 아니다.

22

庚	壬	己	壬
戌	辰	酉	戌

- 丙火는 편재이고, 丁火는 정재이다.
- 亥子丑 운에서 편재 丙火는 절태양이고, 정재 丁火는 록왕쇠이다.
- 천간에 丙火와 丁火가 없다.
- 팔자에 없다고 재성을 못쓰는 것은 아니다.
- 원국과 운이 다를 때는 운의 흐름을 따라야 한다.

23

己	丙	甲	戊
亥	申	寅	寅

- 庚金은 편재이고, 辛金은 정재이다.
- 팔자에 庚金과 辛金 모두 없다.
- 팔자에 없어도 재성을 물어보면 대답을 해야 한다.
- 운의 흐름이 중요하다.
- 亥子丑 운에는 庚金은 병사묘이다.
- 亥子丑 운에는 辛金은 생욕대이다.
- 운의 흐름을 보면서 질문에 대한 답을 하면 된다.

24

辛	丁	丁	甲
亥	巳	丑	辰

- 庚金은 정재이고, 辛金은 편재이다.
- 시간에 편재 辛金이 있다.
- 辛金은 확산 상승하는 속성이 있다.
- 亥子丑 운에서 편재 辛金은 생욕대이다.
- 생욕대는 출근하는 것과 같다.
- 일을 시작하는 시기이니 수확이나 결실을 기대하면 안 된다.

25

甲	壬	辛	癸
辰	辰	酉	亥

- 丙火는 편재이고, 丁火는 정재이다.
- 亥子丑 운에서 편재 丙火는 절태양이고, 정재 丁火는 록왕쇠이다.
- 천간에 丙火와 丁火가 없다.
- 팔자에 없다고 재성을 못쓰는 것은 아니다.
- 亥子丑 운에는 丁火가 록왕쇠이다.
- 록왕쇠는 가장 바쁘게 일할 시기이다.
- 원국과 운이 다를 때는 운의 흐름을 따라야 한다.

26

壬	癸	乙	丙
子	丑	未	辰

- 丙火는 정재이고, 丁火는 편재이다.
- 亥子丑 운에서 정재 丙火는 절태양이다.
- 亥子丑 운에서 편재 丁火는 록왕쇠이다.
- 연간에 정재 丙火가 있다.
- 亥子丑 운에 丙火 정재는 절태양이다.
- 절태양 운에서는 변화를 주지 말고 살아가야 한다.

27

戊	丁	戊	乙
申	丑	寅	巳

- 庚金은 정재이고, 辛金은 편재이다.
- 庚金과 辛金이 천간에 없다.
- 亥子丑 운에서 편재 辛金은 생욕대이다.
- 亥子丑 운에서 정재 庚金은 병사묘이다.
- 운의 흐름에 맞춰 해당 글자의 속성에 맞게 사용하면 탈이 없다.

28

庚	辛	戊	戊
寅	卯	午	寅

- 甲木은 정재이고, 乙木은 편재이다.
- 천간에 甲木과 乙木이 없다.
- 천간에 없으면 재를 추구하는 마음이 없다.
- 마음이 있을 때 재를 획득할 가능성이 커진다.
- 亥子丑 운에서 정재 甲木은 생욕대이다.
- 亥子丑 운에서 편재 乙木은 병사묘이다.
- 글자의 속성에 맞춰 재를 추구하면 탈이 없다.

29

乙	甲	壬	甲
丑	戌	申	子

- 戊土는 편재이고, 己土는 정재이다.
- 천간에 戊土와 己土가 없다.
- 천간에 없을 때는 운의 흐름에 따라야 한다.
- 亥子丑 운에서는 己土를 록왕쇠로 사용하면 좋다.
- 己土는 더 응축 더 하강하는 속성이 있다.
- 규모가 크거나 화려하지 않다.
- 정재 己土를 사용하면 바쁘게 일할 수 있다.

30

戊	庚	丙	己
寅	戌	寅	亥

- 甲木은 편재이고, 乙木은 정재이다.
- 천간에 甲木과 乙木이 없다.
- 천간에 없으니 재를 추구하는 마음이 없다.
- 천간의 글자가 다르니 사람마다 생각이 다르다.
- 자기 생각만이 옳은 것은 아니다.
- 亥子丑 운에 甲木은 생욕대이고, 乙木은 병사묘이다.
- 해당 글자 속성에 맞게 재를 추구하면 탈이 없다.

31

甲	辛	辛	戊
午	巳	酉	戌

- 甲木은 정재이고, 乙木은 편재이다.
- 시간에 甲木 정재가 있다.
- 甲木 정재는 亥子丑 운에 생욕대이다.
- 생욕대는 출근하는 시기와 같다.
- 일을 점차 늘려가야 한다.
- 생욕대에서 수확이나 결실을 거두기는 힘들다.

32

庚	乙	癸	丁
辰	丑	丑	巳

- 戊土는 정재이고, 己土는 편재이다.
- 천간에 戊土, 己土가 모두 없다.
- 재성이 없어도 재성을 물어보면 대답을 해야 한다.
- 어떤 지지에도 열 개의 천간이 모두 다른 모습으로 있다.
- 亥子丑 운에는 己土가 록왕쇠이다.
- 록왕쇠는 가장 바쁘게 일할 시기이다.
- 바쁘다는 것은 인기가 있다는 의미이다.
- 여유가 없다는 뜻도 된다.

33

己	甲	辛	己
巳	戌	未	未

- 戊土는 편재이고, 己土는 정재이다.
- 연간과 시간에 己土 정재가 있다.
- 己土는 더 응축 더 하강하는 속성이 있다.
- 규모가 크거나 화려하지 않다.
- 亥子丑 운에서 己土는 록왕쇠이다.
- 정재 己土를 사용하면 바쁘게 일할 수 있다.

34

己	甲	丙	丙
巳	申	申	子

- 戊土는 편재이고, 己土는 정재이다.
- 시간에 己土 정재가 있다.
- 己土는 더 응축 더 하강하는 속성이 있다.
- 규모가 크거나 화려하지 않다.
- 亥子丑 운에서 己土는 록왕쇠이다.
- 정재 己土를 사용하면 바쁘게 일할 수 있다.

35

甲	己	辛	庚
子	卯	巳	申

- 壬水는 정재가 되고, 癸水는 편재가 된다.
- 壬水와 癸水가 천간에 없다.
- 천간에 없으면 운의 흐름에 맞춰 살면 된다.
- 亥子丑 운에 壬水는 록왕쇠이다.
- 亥子丑 운에 癸水는 절태양이다.

36

己	丙	辛	乙
亥	申	巳	亥

- 庚金은 편재이고, 辛金은 정재이다.
- 월간에 辛金 정재가 있다.
- 辛金은 亥子丑 운에서 생욕대이다.
- 생욕대는 출근하는 시기와 같다.
- 일을 점차 늘리면서 키워가야 한다.
- 생욕대에서 결실을 보기는 어렵다.

37

乙	甲	丙	庚
丑	辰	戌	寅

- 戊土는 편재이고, 己土는 정재이다.
- 팔자에 戊土와 己土가 없다.
- 천간에 없으면 추구하는 마음이 없다.
- 추구하는 마음이 없으면 얻기가 힘들다.
- 팔자에 없어도 운에 맞춰 살아가야 한다.
- 생각을 버리고 현실에 맞춰 사는 것이 현명하다.
- 亥子丑 운에서 己土는 록왕쇠이다.
- 정재 己土를 사용하면 바쁘게 일할 수 있다.

38

庚	乙	乙	乙
辰	酉	酉	丑

- 戊土는 정재이고, 己土는 편재이다.
- 戊土와 己土가 천간에 없다.
- 천간에 없으면 추구하는 마음이 없다.
- 추구하는 마음이 없어도 재의 활동은 해야 한다.
- 뜻대로 세상이 되는 것은 아니다.
- 현실에 맞춰 내 뜻을 펼쳐야 한다.

39

庚	壬	癸	壬
戌	辰	丑	申

- 丙火는 편재이고, 丁火는 정재이다.
- 亥子丑 운에서 편재 丙火는 절태양이고, 정재 丁火는 록왕쇠이다.
- 천간에 丙火와 丁火가 없다.
- 천간에 없으면 추구하는 마음이 없다.
- 팔자에 없다고 재성을 못쓰는 것은 아니다.
- 원국과 운이 다를 때는 운의 흐름을 따라야 한다.

40

庚	癸	戊	壬
申	酉	申	戌

- 丙火는 정재이고, 丁火는 편재이다.
- 亥子丑 운에서 정재 丙火는 절태양이고, 편재 丁火는 록왕쇠이다.
- 천간에 丙火와 丁火가 없다.
- 팔자에 없다고 재성을 못쓰는 것은 아니다.
- 亥子丑 운에는 丁火가 록왕쇠이다.
- 록왕쇠는 가장 바쁘게 일할 시기이다.
- 원국과 운이 다를 때는 운의 흐름을 따라야 한다.

41

丙	庚	辛	癸
戌	戌	酉	丑

- 甲木은 편재이고, 乙木은 정재이다.
- 천간에 甲木과 乙木이 없다.
- 천간에 없으니 재를 추구하는 마음이 없다.
- 추구하는 마음이 없으면 그릇이 크지 않다.
- 亥子丑 운에 甲木은 생욕대이고, 乙木은 병사묘이다.
- 해당 글자 속성에 맞게 재를 추구하면 탈이 없다.

42

癸	丙	壬	丁
巳	子	寅	卯

● 庚金은 편재이고, 辛金은 정재이다.

● 천간에 庚金과 辛金이 없다.

● 천간에 없으면 추구하는 마음이 없으니 격이 떨어진다.

● 그릇의 크기가 작아진다.

● 亥子丑 운에 庚金은 병사묘이다.

● 亥子丑 운에 辛金은 생욕대이다.

● 운의 흐름을 보면서 적절하게 사용해야 한다.

43

癸	壬	乙	乙
卯	子	酉	卯

● 丙火는 편재이고, 丁火는 정재이다.

● 亥子丑 운에서 편재 丙火는 절태양이고, 정재 丁火는 록왕쇠이다.

● 천간에 丙火와 丁火가 없다.

● 亥子丑 운에는 丁火가 록왕쇠이다.

● 록왕쇠는 가장 바쁘게 일할 시기이다.

● 원국에 없어도 운에서 사용할 수 있다.

44

丙	庚	辛	壬
子	子	亥	戌

- 甲木은 편재이고, 乙木은 정재이다.
- 천간에 甲木과 乙木이 없다.
- 천간에 없으니 재를 추구하는 마음이 없다.
- 천간의 글자가 다르니 사람마다 추구하는 것들이 다르다.
- 자기 생각만이 옳은 것은 아니다.
- 亥子丑 운에 甲木은 생욕대이고, 乙木은 병사묘이다.
- 해당 글자 속성에 맞게 재를 추구하면 탈이 없다.

45

乙	甲	戊	庚
亥	午	子	午

- 戊土는 편재이고, 己土는 정재이다.
- 월간에 戊土 편재가 있다.
- 戊土는 더 확산 더 상승하는 속성이 있다.
- 폼을 재고 자랑하기 좋아한다.
- 亥子丑 운에 戊土는 절태양이다.
- 절태양에서는 뜻을 펼치기 힘드니 조용히 지내는 것이 좋다.

46

壬	壬	庚	丙
子	辰	寅	午

- 丙火는 편재이고, 丁火는 정재이다.
- 亥子丑 운에서 편재 丙火는 절태양이고, 정재 丁火는 록왕쇠이다.
- 연간에 丙火 편재가 있다.
- 丙火는 더 확산 더 상승하는 속성이 있다.
- 丙火는 亥子丑 운에 절태양이다.
- 절태양에서는 소극적으로 편재 활동을 해야 한다.

47

辛	壬	癸	壬
亥	子	丑	子

- 丙火는 편재이고, 丁火는 정재이다.
- 亥子丑 운에서 편재 丙火는 절태양이고, 정재 丁火는 록왕쇠이다.
- 천간에 丙火와 丁火가 없다.
- 팔자에 없다고 재성을 못쓰는 것은 아니다.
- 원국과 운이 다를 때는 운의 흐름을 따라야 한다.
- 亥子丑 운에는 丁火가 록왕쇠이다.
- 록왕쇠는 가장 바쁘게 일할 시기이다.

48

丁	丁	戊	甲
未	卯	辰	寅

- 庚金은 정재이고, 辛金은 편재이다.
- 庚金은 응축 하강하는 속성이 있고, 辛金은 확산 상승하는 속성이 있다.
- 천간에 庚金과 辛金 모두 없다.
- 팔자에 없다고 사용하지 못하는 것은 아니다.
- 팔자에 있어도 운이 도와주지 못하면 사용하지 못한다.
- 亥子丑 운에 庚金은 병사묘이다.
- 亥子丑 운에 辛金은 생욕대이다.

49

丙	戊	辛	辛
辰	辰	卯	巳

- 壬水는 편재이고, 癸水는 정재이다.
- 壬水와 癸水가 천간에 없다.
- 亥子丑 운에 壬水는 록왕쇠가 된다.
- 亥子丑 운에 癸水는 절태양이 된다.
- 운의 흐름에 맞춰 글자의 속성대로 살면 탈이 없다.

50

壬	乙	庚	己
午	巳	午	未

- 戊土는 정재이고, 己土는 편재이다.
- 연간에 己土 편재가 있다.
- 己土는 더 응축 더 하강하는 속성이 있다.
- 천간의 속성에 맞게 편재를 사용해야 한다.
- 亥子丑 운에 己土는 록왕쇠이다.
- 록왕쇠는 정신없이 바쁘게 사는 시기이다.

19

팔자에서 월간과 시간 찾기

월간(月干)은 년간과 월지를 보고 정하고, 시간(時干)은 일간과 시지를 보고 정한다. 이때 필요한 것이 천간합이다. 천간합은 천간에서 반대편 글자의 조합을 말한다.

_천간합과 합화(合化)

- 甲己합　　戊土
- 乙庚합　　庚金
- 丙辛합　　壬水
- 丁壬합　　甲木
- 戊癸합　　丙火

_월간 찾기

년간의 글자와 천간합화되는 글자(甲己합이면 戊土)를 생하는 천간을 찾아서 그 밑에 寅을 놓는다(일년의 시작은 寅월).

예를 들어 **甲己합 戊土**라면 戊土를 생하는 丙火를 찾아서 그 밑에 寅을 놓으면 丙寅이 된다. 그리고 월지의 지지에 맞추면 된다.

월지가 午라면 丙寅→丁卯→戊辰→己巳→庚午… 庚午의 지지에 午가 있으니 **월간**은 **庚金**이 된다.

_시간 찾기

일간의 글자와 천간합화되는 글자(乙庚합이면 庚金)를 극하는 천간을 찾아서 그 밑에 子를 놓는다(하루의 시작은 子시).

예를 들면 **乙庚합 庚金**에서 庚金을 극하는 丙火를 찾아서 그 밑에 子를 놓으면 丙子가 된다. 그리고 시지의 지지까지 맞추면 된다.

시지가 申이라면 丙子부터 丁丑→戊寅→己卯→庚辰→辛巳→壬午→癸未→甲申… 드디어 지지에서 申이 나왔다. 그래서 **시간**은 **甲木**이 된다.

다음의 *01*번 예를 참고하기 바란다.

01

○	辛	○	丁
未	巳	巳	酉

_월간

- 년간에 丁火가 있다.
- 丁壬합 甲木을 생각한다.
- 甲木을 생하는 오행은 수생목 壬水이다.
- 壬水 밑에 寅을 놓으면 壬寅이 된다.
- 월지가 巳이므로 壬寅 癸卯 甲辰 乙巳로 이어진다.
- 乙巳의 지지가 巳이므로 우리가 찾는 월간은 乙木이 된다.

_시간

- 일간에 辛金이 있으니 丙辛합 壬水를 생각한다.
- 壬水를 극하는 오행은 戊土이다.
- 戊土 아래 子를 놓습니다. 戊子이다.
- 시지는 未이니 未까지 이어간다.
- 戊子 己丑 庚寅 辛卯 壬辰 癸巳 甲午 乙未. 乙未에서 未가 나왔다.
- 시간은 乙木이다.

답 월간 : 乙木　　시간 : 乙木

_02_번부터는 직접 월간과 시간을 찾는 연습을 쌓아보도록 한다.

02

○	甲	○	庚
丑	午	午	子

답 월간 : 壬水 시간 : 乙木

03

○	辛	○	戊
卯	丑	寅	辰

답 월간 : 甲木 시간 : 辛金

04

○	丁	○	甲
酉	卯	辰	戌

답 월간 : 戊土 시간 : 己土

05

○	己	○	庚
子	丑	申	子

답 월간 : 甲木 시간 : 甲木

06

○	戊	○	壬
未	申	寅	申

답 월간 : 壬水 시간 : 己土

07

○	庚	○	丁
子	申	卯	卯

답 월간 : 癸水 시간 : 丙火

08

○	丁	○	乙
丑	巳	申	未

답 월간 : 甲木 시간 : 辛金

09

○	戊	○	壬
亥	寅	午	寅

답 월간 : 丙火 시간 : 癸水

10

○	丙	○	辛
卯	辰	卯	丑

답 월간 : 辛金 시간 : 辛金

11

○	乙	○	癸
巳	卯	未	酉

답 월간 : 己土 시간 : 辛金

12

○	乙	○	戊
丑	丑	寅	戌

답 월간 : 甲木 시간 : 丁火

13

○	癸	○	壬
卯	丑	巳	寅

답 월간 : 乙木 시간 : 乙木

14

○	丁	○	辛
卯	亥	申	卯

답 월간 : 丙火 시간 : 癸水

15

○	庚	○	癸
酉	寅	辰	巳

답 월간 : 丙火 시간 : 乙木

16

○	甲	○	己
酉	辰	午	未

답 월간 : 庚金 시간 : 癸水

17

○	庚	○	癸
亥	子	申	丑

답 월간 : 庚金 시간 : 丁火

18

○	己	○	壬
申	未	未	子

답 월간 : 丁火 시간 : 壬水

19

○	辛	○	癸
卯	丑	卯	丑

답 월간 : 乙木 시간 : 辛金

20

○	辛	○	辛
卯	巳	子	酉

답 월간 : 庚金 시간 : 辛金

21

○	丁	○	壬
卯	丑	酉	辰

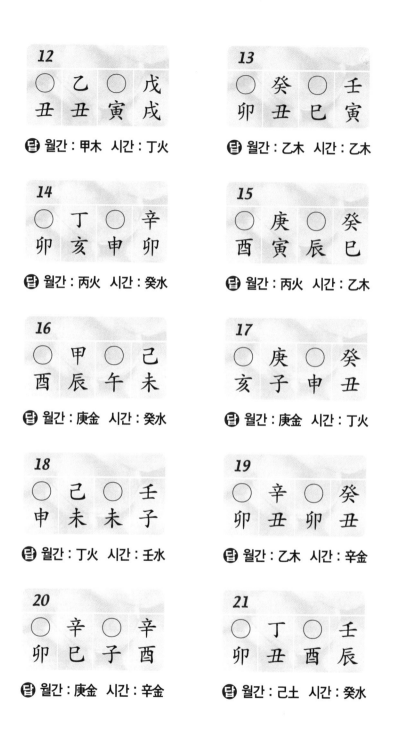

답 월간 : 己土 시간 : 癸水

22

◯	庚	◯	甲
寅	寅	丑	申

답 월간 : 丁火 시간 : 戊土

23

◯	丙	◯	丁
午	子	丑	巳

답 월간 : 癸水 시간 : 甲木

24

◯	癸	◯	丙
未	未	酉	辰

답 월간 : 丁火 시간 : 己土

25

◯	甲	◯	壬
寅	申	辰	寅

답 월간 : 甲木 시간 : 丙火

26

◯	乙	◯	己
丑	亥	戌	亥

답 월간 : 甲木 시간 : 丁火

27

◯	癸	◯	戊
子	丑	寅	申

답 월간 : 甲木 시간 : 壬水

28

◯	戊	◯	甲
午	子	丑	辰

답 월간 : 丁火 시간 : 戊土

29

◯	辛	◯	庚
辰	酉	辰	戌

답 월간 : 庚金 시간 : 壬水

30

◯	庚	◯	丁
戌	辰	子	亥

답 월간 : 壬水 시간 : 丙火

31

◯	丙	◯	丁
巳	申	寅	巳

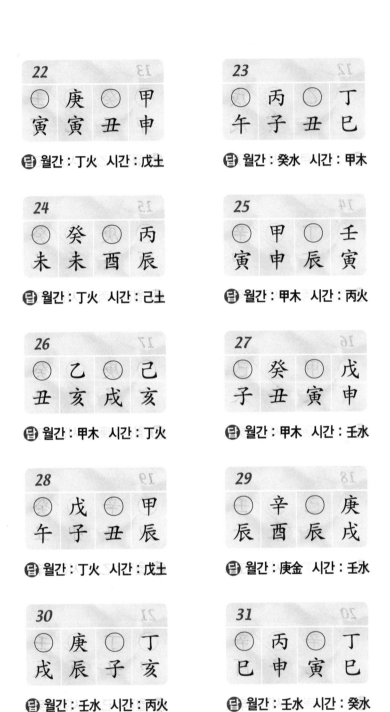

답 월간 : 壬水 시간 : 癸水

32

○	辛	○	辛
申	未	卯	卯

답 월간 : 辛金 시간 : 丙火

33

○	辛	○	丙
戌	巳	巳	辰

답 월간 : 癸水 시간 : 戊土

34

○	甲	○	戊
午	寅	辰	戌

답 월간 : 丙火 시간 : 庚金

35

○	癸	○	庚
戌	亥	丑	子

답 월간 : 己土 시간 : 壬水

36

○	癸	○	甲
未	卯	申	午

답 월간 : 壬水 시간 : 己土

37

○	壬	○	壬
巳	申	酉	寅

답 월간 : 己土 시간 : 乙木

38

○	丙	○	丁
丑	午	未	酉

답 월간 : 丁火 시간 : 己土

39

○	己	○	戊
辰	酉	卯	戌

답 월간 : 乙木 시간 : 戊土

40

○	癸	○	戊
申	巳	酉	辰

답 월간 : 辛金 시간 : 庚金

41

○	壬	○	甲
寅	申	巳	寅

답 월간 : 己土 시간 : 壬水

42

○	辛	○	甲
戌	酉	亥	寅

답 월간 : 乙木 시간 : 戊土

43

○	乙	○	庚
午	丑	子	午

답 월간 : 戊土 시간 : 壬水

44

○	乙	○	庚
申	丑	辰	午

답 월간 : 庚金 시간 : 甲木

45

○	庚	○	癸
巳	申	酉	酉

답 월간 : 辛金 시간 : 辛金

46

○	庚	○	癸
巳	申	辰	酉

답 월간 : 丙火 시간 : 辛金

47

○	丙	○	己
卯	戌	未	巳

답 월간 : 辛金 시간 : 辛金

48

○	辛	○	癸
辰	巳	午	酉

답 월간 : 戊土 시간 : 壬水

49

○	癸	○	庚
巳	亥	戌	午

답 월간 : 丙火 시간 : 丁火

50

○	癸	○	庚
辰	巳	未	午

답 월간 : 癸水 시간 : 丙火

51

○	丁	○	庚
酉	卯	申	午

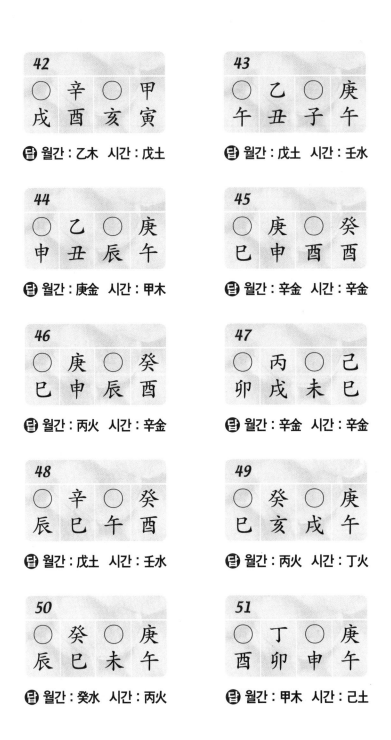

답 월간 : 甲木 시간 : 己土

52

◯	庚	◯	丁
寅	申	亥	巳

답 월간 : 辛金 시간 : 戊土

53

◯	戊	◯	丙
辰	寅	申	戌

답 월간 : 丙火 시간 : 丙火

54

◯	丁	◯	乙
酉	卯	子	亥

답 월간 : 戊土 시간 : 己土

55

◯	甲	◯	甲
戌	戌	戌	戌

답 월간 : 甲木 시간 : 甲木

56

◯	己	◯	己
辰	未	戌	丑

답 월간 : 甲木 시간 : 戊土

57

◯	甲	◯	辛
寅	戌	午	亥

답 월간 : 甲木 시간 : 丙火

58

◯	戊	◯	乙
午	辰	辰	亥

답 월간 : 庚金 시간 : 戊土

59

◯	辛	◯	丙
辰	未	戌	戌

답 월간 : 戊土 시간 : 壬水

60

◯	壬	◯	庚
卯	辰	丑	辰

답 월간 : 己土 시간 : 癸水

61

◯	乙	◯	丁
酉	酉	辰	丑

답 월간 : 甲木 시간 : 乙木

62			
○	辛	○	丙
辰	巳	午	戌

답 월간 : 甲木 시간 : 壬水

63			
○	辛	○	丁
辰	酉	午	未

답 월간 : 丙火 시간 : 壬水

64			
○	甲	○	丙
寅	子	巳	午

답 월간 : 癸水 시간 : 丙火

65			
○	己	○	癸
亥	卯	酉	酉

답 월간 : 辛金 시간 : 乙木

66			
○	乙	○	乙
丑	卯	酉	亥

답 월간 : 乙木 시간 : 丁火

67			
○	丙	○	壬
戌	戌	辰	辰

답 월간 : 甲木 시간 : 戊土

68			
○	壬	○	丙
丑	戌	戌	寅

답 월간 : 戊土 시간 : 辛金

69			
○	丁	○	戊
戌	未	子	戌

답 월간 : 甲木 시간 : 庚金

70			
○	丙	○	甲
寅	戌	亥	申

답 월간 : 乙木 시간 : 庚金

71			
○	庚	○	癸
辰	寅	巳	卯

답 월간 : 丁火 시간 : 庚金

72

○	辛	○	丙
卯	亥	午	子

답 월간 : 甲木 시간 : 辛金

73

○	戊	○	戊
午	寅	寅	辰

답 월간 : 甲木 시간 : 戊土

74

○	戊	○	壬
申	午	酉	午

답 월간 : 己土 시간 : 庚金

75

○	辛	○	甲
子	未	亥	子

답 월간 : 乙木 시간 : 戊土

76

○	丙	○	己
寅	寅	丑	卯

답 월간 : 丁火 시간 : 庚金

77

○	甲	○	壬
申	午	午	申

답 월간 : 丙火 시간 : 壬水

78

○	戊	○	丁
子	子	酉	酉

답 월간 : 己土 시간 : 壬水

79

○	戊	○	壬
巳	午	酉	戌

답 월간 : 己土 시간 : 丁火

80

○	庚	○	己
子	子	子	未

답 월간 : 丙火 시간 : 丙火

81

○	丙	○	壬
辰	寅	未	寅

답 월간 : 丁火 시간 : 壬水

82

○	庚	○	己
辰	申	寅	酉

답 월간 : 丙火 시간 : 庚金

83

○	庚	○	癸
辰	子	申	卯

답 월간 : 庚金 시간 : 庚金

84

○	乙	○	癸
寅	丑	子	亥

답 월간 : 甲木 시간 : 戊土

85

○	庚	○	甲
申	申	辰	辰

답 월간 : 戊土 시간 : 甲木

86

○	庚	○	甲
酉	午	卯	寅

답 월간 : 丁火 시간 : 乙木

87

○	庚	○	乙
申	子	卯	未

답 월간 : 己土 시간 : 甲木

88

○	戊	○	丁
辰	子	亥	卯

답 월간 : 辛金 시간 : 丙火

89

○	庚	○	戊
丑	午	子	申

답 월간 : 甲木 시간 : 丁火

90

○	辛	○	丙
亥	未	亥	申

답 월간 : 己土 시간 : 己土

91

○	己	○	甲
未	亥	申	子

답 월간 : 壬水 시간 : 辛金

92

○	壬	○	己
午	寅	子	酉

답 월간 : 丙火 시간 : 丙火

93

○	丙	○	辛
辰	申	午	丑

답 월간 : 甲木 시간 : 壬水

94

○	庚	○	甲
寅	寅	酉	午

답 월간 : 癸水 시간 : 戊土

95

○	戊	○	甲
寅	申	午	寅

답 월간 : 庚金 시간 : 甲木

96

○	庚	○	丙
午	申	酉	戌

답 월간 : 丁火 시간 : 壬水

97

○	癸	○	庚
亥	酉	子	戌

답 월간 : 戊土 시간 : 癸水

98

○	丁	○	丁
寅	巳	午	酉

답 월간 : 丙火 시간 : 壬水

99

○	癸	○	庚
巳	卯	子	午

답 월간 : 戊土 시간 : 丁火

100

○	癸	○	甲
辰	丑	子	子

답 월간 : 丙火 시간 : 丙火

나이스사주명리

다시 쓰는 명리학

...응용편...

20

팔자에서 월지와 시지 찾기

월지(月支)는 년간과 월간을 보고 정하고, 시지(時支)는 일간과 시간을 보고 정한다. 이때 필요한 것이 천간합이다. 천간합은 천간에서 반대편 글자의 조합을 말한다.

_천간합과 합화(合化)

- 甲己합　戊土
- 乙庚합　庚金
- 丙辛합　壬水
- 丁壬합　甲木
- 戊癸합　丙火

_월지 찾기

년간의 글자와 천간합화되는 글자(甲己합이면 戊土)를 생하는 천간을 찾아서 그 밑에 寅을 놓는다(일년의 시작은 寅월).

예를 들어 **甲己합 戊土**라면 戊土를 생하는 丙火를 찾아서 그 밑에 寅을 놓으면 丙寅이 된다. 그리고 월간에 있는 글자까지 진행하여 해당 지지를 찾으면 된다.

월간이 庚金이라면 丙寅에서 시작하여 丙寅→丁卯→戊辰→己巳→庚午! 드디어 庚金이 나왔다. 그래서 **월지**는 **午**가 된다.

_시지 찾기

시지도 마찬가지이다. 일간의 글자와 천간합화되는 글자(乙庚합이면 庚金)를 극하는 양간 밑에 子를 놓는다(하루의 시작은 子시).

예를 들면 **乙庚합 庚金**에서 庚金을 극하는 丙火를 찾아서 그 밑에 子를 놓으면 丙子가 된다. 그리고 시간에 있는 글자까지 진행하면 된다.

시간에 壬水가 있다면 丙子부터 시작하여 丙子→丁丑→戊寅→己卯→庚辰→辛巳→壬午! 드디어 壬水가 나왔다. 그래서 **시지**는 **午**가 된다.

다음의 *01*번 예를 참고하기 바란다.

01

癸	乙	乙	丁
○	未	○	丑

_월지

- 년간이 丁火이니 丁壬합 甲木을 생각한다.
- 甲木을 생하는 壬水(수생목) 밑에 寅을 놓는다(한해의 시작은 寅).
- 壬寅부터 癸卯 甲辰 乙巳로 간다.
- 월간이 乙木이니 **월지**는 巳가 된다.

_시지

- 일간이 乙木이니 乙庚합 庚金을 생각한다.
- 庚金을 극하는 丙火(화극금) 밑에 子를 놓는다(하루의 시작은 子).
- 丙子부터 丁丑 戊寅 己卯 庚辰 辛巳 壬午 癸未.
- 시간이 癸水이므로 **시지**는 未이다.

답 월지 : 巳　　시지 : 未

***02*번부터는 직접 월지와 시지를 찾는 연습을 쌓아보도록 한다.**

02

丁	乙	己	丙
◯	卯	◯	辰

답 월지 : 亥　시지 : 丑

03

乙	甲	戊	庚
◯	午	◯	午

답 월지 : 寅　시지 : 丑

04

庚	丙	辛	庚
◯	戌	◯	申

답 월지 : 巳　시지 : 寅

05

癸	甲	壬	庚
◯	子	◯	申

답 월지 : 午　시지 : 酉

06

甲	甲	丁	甲
◯	寅	◯	子

답 월지 : 卯　시지 : 子

07

丙	甲	乙	戊
◯	戌	◯	辰

답 월지 : 卯　시지 : 寅

08

戊	壬	癸	丙
◯	寅	◯	寅

답 월지 : 巳　시지 : 申

09

壬	戊	辛	庚
◯	寅	◯	戌

답 월지 : 巳　시지 : 子

10

癸	丙	甲	戊
◯	午	◯	午

답 월지 : 寅　시지 : 巳

11

辛	癸	庚	丁
◯	丑	◯	巳

답 월지 : 戌　시지 : 酉

12

丁	甲	壬	癸
◯	子	◯	未

답 월지 : 戌 시지 : 卯

13

辛	壬	丙	甲
◯	申	◯	子

답 월지 : 寅 시지 : 丑

14

戊	壬	甲	庚
◯	申	◯	申

답 월지 : 申 시지 : 申

15

己	辛	甲	癸
◯	酉	◯	丑

답 월지 : 寅 시지 : 丑

16

己	丙	乙	癸
◯	子	◯	酉

답 월지 : 卯 시지 : 丑

17

甲	己	丙	己
◯	亥	◯	未

답 월지 : 寅 시지 : 子

18

乙	己	丙	己
◯	巳	◯	亥

답 월지 : 寅 시지 : 丑

19

戊	丙	壬	戊
◯	申	◯	寅

답 월지 : 戌 시지 : 子

20

壬	癸	戊	壬
◯	未	◯	子

답 월지 : 申 시지 : 子

21

乙	甲	丙	甲
◯	寅	◯	子

답 월지 : 寅 시지 : 丑

22

戊	丁	壬	甲
○	巳	○	戌

답 월지 : 申　시지 : 申

23

丙	乙	辛	癸
○	酉	○	酉

답 월지 : 酉　시지 : 子

24

戊	辛	己	己
○	未	○	巳

답 월지 : 巳　시지 : 子

25

壬	戊	丁	己
○	午	○	巳

답 월지 : 卯　시지 : 子

26

乙	戊	己	丙
○	寅	午	辰

답 월지 : 亥　시지 : 卯

27

己	壬	乙	癸
○	子	○	丑

답 월지 : 卯　시지 : 酉

28

乙	壬	甲	丁
○	申	○	卯

답 월지 : 辰　시지 : 巳

29

庚	壬	壬	丁
○	辰	○	卯

답 월지 : 寅　시지 : 子

30

己	甲	丁	癸
○	申	○	亥

답 월지 : 巳　시지 : 巳

31

癸	壬	甲	癸
○	辰	○	丑

답 월지 : 寅　시지 : 卯

32

丙	壬	癸	癸
○	寅	○	丑

답 월지 : 亥　시지 : 午

33

乙	丁	癸	乙
○	亥	○	亥

답 월지 : 未　시지 : 巳

34

戊	辛	己	庚
○	酉	○	午

답 월지 : 卯　시지 : 子

35

壬	癸	丁	庚
○	酉	○	辰

답 월지 : 亥　시지 : 子

36

丁	壬	戊	壬
○	戌	○	子

답 월지 : 申　시지 : 未

37

丙	庚	辛	癸
○	申	○	丑

답 월지 : 酉　시지 : 子

38

甲	甲	壬	庚
○	辰	○	申

답 월지 : 午　시지 : 子

39

庚	戊	壬	戊
○	戌	○	午

답 월지 : 戌　시지 : 申

40

丁	甲	辛	乙
○	寅	○	卯

답 월지 : 巳　시지 : 卯

41

丁	戊	乙	戊
○	午	○	辰

답 월지 : 卯　시지 : 巳

42

丁	乙	癸	癸
◯	未	◯	亥

답 월지 : 亥 시지 : 丑

43

壬	丁	甲	辛
◯	卯	◯	亥

답 월지 : 午 시지 : 寅

44

壬	壬	辛	丙
◯	申	◯	辰

답 월지 : 卯 시지 : 寅

45

丙	乙	癸	壬
◯	未	◯	子

답 월지 : 卯 시지 : 子

46

乙	癸	庚	丙
◯	酉	◯	辰

답 월지 : 寅 시지 : 卯

47

甲	庚	乙	戊
◯	子	◯	戌

답 월지 : 卯 시지 : 申

48

丙	己	癸	癸
◯	亥	◯	亥

답 월지 : 亥 시지 : 寅

49

丙	乙	壬	甲
◯	亥	◯	寅

답 월지 : 申 시지 : 子

50

庚	庚	癸	壬
◯	辰	◯	戌

답 월지 : 卯 시지 : 辰

51

己	丁	甲	庚
◯	卯	◯	午

답 월지 : 申 시지 : 酉

52

戊	庚	辛	丁
◯	申	◯	巳

답 월지 : 亥 시지 : 寅

53

丙	戊	丙	丙
◯	寅	◯	戌

답 월지 : 申 시지 : 辰

54

己	丁	戊	乙
◯	卯	◯	亥

답 월지 : 寅 시지 : 酉

55

甲	甲	甲	甲
◯	戌	◯	戌

답 월지 : 戌 시지 : 子

56

戊	己	甲	己
◯	未	◯	丑

답 월지 : 戌 시지 : 辰

57

丙	甲	甲	辛
◯	戌	◯	亥

답 월지 : 午 시지 : 寅

58

戊	戊	庚	乙
◯	辰	◯	亥

답 월지 : 辰 시지 : 午

59

丙	庚	壬	壬
◯	子	◯	午

답 월지 : 寅 시지 : 子

60

癸	壬	己	庚
◯	辰	◯	辰

답 월지 : 卯 시지 : 卯

61

乙	乙	甲	丁
◯	酉	◯	丑

답 월지 : 辰 시지 : 酉

62			
壬	辛	甲	丙
◯	巳	◯	戌

답 월지 : 午　시지 : 辰

63			
壬	辛	丙	丁
◯	酉	◯	未

답 월지 : 午　시지 : 辰

64			
丙	甲	癸	丙
◯	子	◯	午

답 월지 : 巳　시지 : 寅

65			
乙	己	辛	癸
◯	卯	◯	酉

답 월지 : 酉　시지 : 丑

66			
丁	乙	乙	乙
◯	卯	◯	亥

답 월지 : 酉　시지 : 丑

67			
戊	丙	甲	壬
◯	戌	◯	辰

답 월지 : 辰　시지 : 子

68			
辛	壬	戊	丙
◯	戌	◯	寅

답 월지 : 戌　시지 : 丑

69			
庚	丁	甲	戊
◯	未	◯	戌

답 월지 : 寅　시지 : 子

70			
庚	丙	乙	甲
◯	戌	◯	申

답 월지 : 亥　시지 : 寅

71			
己	甲	戊	丙
◯	戌	◯	寅

답 월지 : 戌　시지 : 巳

72

甲	辛	壬	乙
◯	酉	◯	亥

답 월지 : 午 시지 : 午

73

壬	辛	乙	丙
◯	未	◯	午

답 월지 : 未 시지 : 辰

74

丁	癸	壬	乙
◯	卯	◯	丑

답 월지 : 午 시지 : 巳

75

乙	癸	丙	戊
◯	巳	◯	午

답 월지 : 辰 시지 : 卯

76

癸	壬	甲	癸
◯	申	◯	亥

답 월지 : 寅 시지 : 卯

77

戊	乙	戊	庚
◯	亥	◯	子

답 월지 : 寅 시지 : 寅

78

辛	壬	甲	己
◯	寅	◯	未

답 월지 : 戌 시지 : 丑

79

丁	癸	乙	戊
◯	丑	◯	辰

답 월지 : 卯 시지 : 巳

80

丙	乙	己	癸
◯	卯	◯	丑

답 월지 : 未 시지 : 子

81

癸	己	丙	甲
◯	卯	◯	子

답 월지 : 寅 시지 : 酉

82

庚	丙	辛	辛
○	子	○	酉

답 월지 : 卯　시지 : 寅

83

癸	戊	癸	壬
○	子	○	子

답 월지 : 卯　시지 : 丑

84

甲	癸	庚	辛
○	酉	○	卯

답 월지 : 寅　시지 : 寅

85

丙	辛	丁	庚
○	酉	○	辰

답 월지 : 亥　시지 : 申

86

戊	癸	壬	乙
○	酉	○	酉

답 월지 : 午　시지 : 午

87

庚	壬	壬	乙
○	午	○	未

답 월지 : 午　시지 : 子

88

乙	丙	戊	己
○	戌	○	巳

답 월지 : 辰　시지 : 未

89

己	丙	辛	甲
○	戌	○	戌

답 월지 : 未　시지 : 丑

90

戊	乙	甲	辛
○	巳	○	酉

답 월지 : 午　시지 : 寅

91

癸	甲	丁	丁
○	戌	○	未

답 월지 : 未　시지 : 酉

92

癸	癸	癸	壬
○	酉	○	申

답 월지 : 卯　시지 : 丑

93

壬	己	辛	己
○	巳	○	丑

답 월지 : 未　시지 : 申

94

乙	丁	丙	己
○	未	○	巳

답 월지 : 寅　시지 : 巳

95

己	丙	丙	甲
○	寅	○	子

답 월지 : 寅　시지 : 丑

96

丁	甲	辛	丙
○	辰	○	寅

답 월지 : 卯　시지 : 卯

97

丁	乙	壬	乙
○	亥	○	卯

답 월지 : 午　시지 : 丑

98

丁	己	戊	壬
○	巳	○	戌

답 월지 : 申　시지 : 卯

99

丁	戊	壬	己
○	戌	○	巳

답 월지 : 申　시지 : 巳

100

戊	辛	辛	丁
○	亥	○	卯

답 월지 : 亥　시지 : 子

...좋은 책을 위해 애써 주신 분들

명리학은 참 어렵다는 생각을 하고 있었는데 교수님의 체계적이고 순리적인 설명을 듣고 보니 이제는, 언젠가는 스며들겠지 하는 자신감이 생겨 배워가고 있다. 명리학의 체계를 잡고 논리적으로 설명하시는 교수님의 노고에 진심을 다해 감사드린다. _권희애

유튜브에서 이리저리 웹서핑을 하던 중 교수님 강의를 듣자마자 '바로 이것이다!' 생각하고 곧바로 등록하였습니다. 지금도 생각해 보면 그때의 선택을 정말 잘했다는 판단입니다. 그 후로 편안하고 자연스러운 삶을 살아가고 있습니다. _김도경

명리 공부를 하면서 수많은 선생이나 책들이 이현령비현령식 설명이어서 포기하고 있었다. 시절인연으로 맹기옥 교수님을 만나 쉽고도 논리적인 자연의 섭리를 이해하며 공부하니 함께 공부하는 도반들 모두 행운아라고 이구동성으로 말한다. _燈明 거사

수업을 들을 때나 교재를 읽을 때마다 명리학에 혁명이 일어났다는 생각이 듭니다. 새로운 12운성, 새로운 12신살 그리고 십신의 재해석까지 품격 있는 명리학을 함께 배울 수 있어서 영광입니다. _김은희

보이지 않는 모습으로 세상의 균형을 묵묵히 맞추고 있는 모든 '음(陰)' 들의 소중함과 그들에 대한 감사함을 새삼 느끼게 된 강의였습니다. 고맙습니다. _김진위

명리학 공부를 할수록 끝을 알 수 없었는데 맹기옥 교수님 수업을 통해 이제 끝이 보이는 것 같습니다. 너무너무 감사드립니다. 명리학을 공부하면서 세상을 보는 시각이 달라지고, 대인관계도 더 편해졌습니다. _김진평

맹기옥 선생님의 가르침대로 음양을 대등하게 이해하는 것만으로도 명리학의 많은 문제가 해결된다는 것을 알았습니다. 명리학 공부를 한 후 나와 내 주변 사람들에 대한 이해의 폭이 넓어져서 많은 변화를 경험하고 있습니다. **_나윤오**

천간과 지지 중심의 새로운 12운성을 배운 후 명리학의 기준을 새롭게 세움으로써 내가 지금 어디쯤 가고 있다는 것을 알게 되었다. 그래서 앞으로 내려가는 삶에 대한 두려움이 덜하다. **_박정하**

노후를 준비할 대책으로 명리학에 대해 이것저것 보고 있을 때 나이스사주명리를 알게 되었습니다. 저에게는 행운이었습니다. 3년째 공부하고 있습니다. 매주 토요일마다 명리를 배우러 가는 길이 얼마나 즐거운 일인지 모릅니다. 감사합니다. **_배민숙**

일반 전통적인 명리학 설명과는 차원이 다른 인문학적 명리 강의를 통해 명리학이 논리적이고 자연 친화적인 학문이란 걸 알게 됐습니다. 고맙습니다. **_백명승**

선생님의 강의를 듣고 처음에는 기존 명리학과 달라 혼란스러웠으나 차츰 음의 중요성, 음양의 차이, 천간 지지 중심 팔자 분석, 운의 중요성 등 강의를 들으면서 확신이 섰습니다. 아무리 좋은 벚나무도 때를 만나지 못하면 꽃을 피울 수 없다, 사주 원국보다 운의 흐름이 중요하다, 행복은 타고난 분수를 지킬 때 얻어진다. 강의 고맙습니다. **_송경화**

삶의 여정에서 길을 찾는 분이거나 명리 공부에서 길을 잃은 분들께는 '새로운 12운성'이 분명한 답이 되리라 믿습니다. 다시 쓰는 명리학 시리즈의 출간을 축하드립니다. **_송지희**

명리학은 같은 사주에는 누구나 똑같은 설명을 하는 과학적인 이론을 갖춰야 하고, 명리학은 나를 이해하고 운을 받아들여 자연의 이치에 맞는 삶을 꾸려가는 지혜를 얻으려는 것이다. 오랜 시간 공부하고 연구한 결과를 나눠주시는 선생님께 존경과 감사를 드립니다. **_양순분**

나의 경우, 처음 명리학을 접하고 3여 년을 공부했으나, 학문에 대한 원칙성이나 일관성이 없어 중도에 포기하고 말았다. 그러다가 우연히 알게 된 나이스사주명리를 통해 명리학은 행복을 추구하고, 우주와 지구의 운동을 인간에게 접목시킨 자연과학이면서 인문과학이라는 사실을 알았다. **_유판도**

사주명리학은 정해져 있어서 어찌할 수 없는 것이 아니라 앞으로 다가올 미래를 미리 대비하는 학문이다. 다가오는 계절을 미리 준비하듯이 운의 흐름을 파악하여 미래를 대비함으로써 행복을 찾아가는 학문이 명리학이라는 생각입니다. 출간을 진심으로 축하드립니다. **_이덕연**

수십 년 동안 명리를 배웠지만 배울수록 오리무중이었습니다. 선생님과 공부한 지 2년이 되어 갑니다. 음양, 천간과 지지, 12운성, 12신살, 십신 등 기존 설명과는 다르게 자연의 변화에 맞춰 설명하니 팔자를 보는 기준을 갖게 되어 앞으로 명리학 실력이 일취월장할 것으로 기대됩니다. 고맙습니다. **_이성열**

지난 7~8년 넘게 여러 곳을 찾아 헤매다가 선생님의 수업을 통하여 나름 해답을 찾게 되어 기쁩니다. 특히 음양과 12운성, 대운의 흐름에 따른 설명을 듣고 팔자 설명에 자신감이 생겼습니다. **_이재걸**

많은 다른 강의를 듣던 중 유튜브를 통해 인연이 되었습니다. 지엽적인 것보다는 본질적인 것에 충실하라! 숲속 나무보다 숲을 먼저 보라는 말에 공감하여 몇 년째 수업을 듣고 있습니다. 일상에서 접하는 자연의 변화에 맞춰 명리를 설명

하시니 이렇게 쉬울 수가 없습니다. **_이재숙**

명리학 공부 이전에 몇 번의 사주 상담을 했는데 가는 곳마다 말이 달랐다. 내가 직접 공부해야겠다는 생각으로 시작한 공부도 역시 답이 없었다. 포기하고 15년이 지난 어느 날, 유튜브에서 나이스사주명리를 만났고 현재 진행형이다. 이제는 뭔가 알 것 같은 느낌이다. **_이주현**

신설동 강의를 왕초보로 시작한 지 1년이 됩니다, 처음 2주는 알아듣지도 못하였는데 강의를 듣고 숙제를 하다 보니 이제는 명리학 공부에 목표도 생기고 자신감도 가지게 되었습니다. 책 출판을 축하드리고, 고맙습니다! **_이채윤**

명리학에 입문하고 갈피를 못 잡고 있던 저에게 한 줄기 빛과 등대가 되어주신 나이스쌤! 첫 강의에서 음과 양을 대등하게 취급해야 한다는 평범한 말이 아직도 뇌리에 선합니다. 선생님을 만나면서 명리의 기준을 바로 잡을 수 있게 되었습니다. **_장정호**

독학으로 명리학을 공부하면서 혼란스러운 부분과 설명이 애매한 부분이 많았습니다. 맹기옥 선생님을 알게 된 후 기존 시각과 다르게 명리학을 큰 틀로 정리해주어 도움을 받고 있습니다. 매주 숙제를 내주시는데 그 또한 개념 정리를 하는 데 큰 도움이 됩니다. **_장준희**

선생님! 감사의 마음 전하고 싶네요. 명리를 배우고 제가 바뀌었으니 그것만으로도 충분합니다. **_조원**

강의한 후 내주시는 숙제가 다시 한 번 복습하는 시간이 되고, 생각의 폭을 넓히고 명리학이 깊어지는데 도움이 되었습니다. 명리학이 학문으로서 정착하도록 기틀을 마련하고 계시는 교수님께 감사드립니다. **_한수경**

다시 쓰는 명리학《응용편》

1판 1쇄 인쇄 | 2023년 03월 24일
1판 1쇄 발행 | 2023년 04월 05일

지은이 | 맹기옥
펴낸이 | 문해성
펴낸곳 | 상원문화사
주소 | 서울시 은평구 증산로 15길 36 (신사동) (03448)
전화 | 02)354-8646 · 팩시밀리 | 02)384-8644
이메일 | mjs1044@naver.com
출판등록 | 1996년 7월 2일 제8-190호

책임편집 | 김영철
표지 및 본문 디자인 | 개미집

ISBN 979-11-85179-38-4 (03180)